※ 食のハラール入門 ※

今日からできる
ムスリム対応

阿良田麻里子　Mariko Arata

講談社

本文デザイン：甲斐順子
図表・イラスト：おのみさ

はじめに

　今、日本では、ムスリム対応が進みつつある。ハラール認証を取得した食材や食品が手軽に買えるようになり、ハラールレストランやハラールキッチンも増えてきている。しかし、急増するムスリム消費者の食を満たすには、ムスリムを主要ターゲットにしたごく少数の企業が商品をハラール化するだけでは十分ではない。

　もっともっと裾野を広げ、100軒に1軒、10軒に1軒のごく普通のレストランが、柔軟に対応できるようになる必要がある。またムスリムといっても、解釈や宗教実践は多様で、認証レベルの対応を求める人から豚肉さえ避ければよいと考える人まで、求めるものも多様である。

　宗教的禁忌について学び、想像力を駆使すれば、多額の投資をしなくても臨機応変に対応できるようになる。構えすぎず、過剰防衛にならずに、便利なツールを駆使してコミュニケーションをとりながら、目の前にいる人が喜んで食べてくれるものを、できる範囲で出せばよいのである。

　多くの日本人がこのような知識と技術を常識として身につけるようになれば、ムスリムのみならず、ヴェジタリアン・ヒンドゥー教徒・ユダヤ教徒など、日本での豊かな食体験を希望する世界中の人々のニーズに応えることができるようになるだろう。

　本書がその一助になることを願っている。

2018年2月

阿良田麻里子

目次

序章

認証に頼らない
ムスリム対応とは

「ムスリム」とは「イスラーム教徒」のことをさし、「ハラール」とは「イスラームにおいて許されている物事、イスラーム法に照らして合法的な物事」をさす。

　本書は、日本国内で、時間や手間や費用をかけすぎず、できるだけ簡単にムスリム対応をはじめる方法を説く入門書である。ムスリム市場を見据えたビジネスに興味をもつ人が知っておくべき基礎的な事柄をまとめている。

　そもそもハラールとはどういうことなのか。ハラールに関連する現代的な問題とはどのようなものなのか。日本でハラールが話題になるとき、必ずといってよいほどとり上げられる「ハラール認証制度」とは何で、その限界や問題点は何なのか。そして、なにより重要なこととして、ムスリム消費者が求めている「ハラール」とは、どういうものなのかを考える。とりあえずハラール認証取得を考えるのではなく、ムスリム消費者のニーズに合った商品やサービスを開発して、相互理解と信頼を築きながら、ビジネスを発展させるヒントをここから得てもらえればと希望している。

　本書の構成は次のようになっている。第1章「ハラールとは何か」では、イスラームという宗教の概略やごく基礎的なハラールの原則を紹介する。第2章「ハラールビジネスとハラール認証」では、世界的なハラールビジネスの発展と、ハラール食をめぐる認証制度の誕生について扱う。第3章「ハラールとハラームの狭間で」では、インドネシアの事例を中心にムスリム消費者のハラールに対する意識の多様性や近代的な諸問題を扱う。第4章「ムスリム観光客の受け入れに向けた飲食サービス」では、ムスリムに飲食を提供するにあたって、すぐにできる対応から比較的高度な対応まで具体的な方法と注意点を紹介するとともに、情報開示・商品開発・宣伝戦略などのヒントを述べる。また付録では、礼拝と断食への対応方法やハラール食材情報の入手先をまとめる。

　主な読者層として想定しているのは、次のような方である。

　まず、外食・中食などの飲食業界、飲食品を販売する店舗、宿泊施設、旅行業界などで仕事をされている方で、宗教的なタブーをもつお客様への対応法を知りたい方は、第1章と第3章を通読したうえで、第4章を参考に、すぐできることを工夫していただければと思う。そして、フードビジネスに直接関与してはいないが、海外からのムスリムのお客様をお迎えし、どのようにおもてなしをすればよいか迷っている方、学校や職場でムスリムの友人と出会い、彼らが生活するうえで困っていることについてもう少し深く理解したいと思われた方、そのような方にも本書は参考になるだろう。

　また、将来的にはハラール認証取得も見据えて本格的なムスリム市場参入も考えて

いるが、まずムスリム消費者とはどのような人たちで、どのような問題があるのか知りたい、自社の業態や商品にとってハラール認証取得は本当に意味のあるものなのか判断したいと考えている方には、第1章から第3章が参考になるだろう。

① ムスリム市場とハラールビジネス

　ここ数年、日本では、にわかにムスリム市場やハラール・ビジネスが注目されている。ハラール認証をとって、世界人口の約4分の1を占める巨大なムスリム市場（図0.1）をめざせと語るセミナーが、2011年頃から各地で開かれ、ブームを引き起こした。

　確かにムスリム市場は巨大である。2012年の時点で世界のムスリム人口は約16億人を数える（表0.1）。ムスリム人口の多い地域を見ても（図0.2）、産油国が多く富裕層の厚い中東、経済発展が著しく、新中間層が台頭する東南アジア・南アジア・北アフリカ、今後の発展が見込まれ、伸びしろの大きい中央アジア・北アジアなど、新しい市場としての将来性に満ちている。他宗教に比べてムスリムは年齢層も若く（図0.3）、新しい消費行動に結びつく柔軟性が期待できるし、日本をはじめ先進諸国の人口が伸び悩んでいるのに対し、ムスリム諸国の人口はまだ増加しつつあり、2030年には22億人になるという予測もある。

　しかし、ムスリム消費者といっても一枚岩ではない。イスラームといえば、中東のアラブ諸国がまず思い浮かぶだろう。しかし、先に挙げたムスリム人口上位10か国を見てみると、1位のインドネシアは東南アジア、2位～4位のインド・パキスタン・バングラデシュは南アジア、5位のナイジェリアは西アフリカである。6位、9位、10位のエジプト・アルジェリア・モロッコはアラブ圏ではあるが北アフリカに位置しているし、7位のイランと8位のトルコは中東ではあるがアラブ圏ではなく、イランはペルシャ語、トルコはトルコ語を使っている。

　一口にムスリムといっても、食嗜好も食習慣もまったく異なる人々の集まりである。ムスリムといえば外国人をイメージするかもしれないが、日本生まれ日本育ちの日本人ムスリムもいる。外国人のムスリムも、出身地域によって好む味つけの基本も違うし、ナツメヤシや小麦を主食とする人もいれば、米を主食とする人もいる。宗派や法学派やムスリム共同体の慣習によって、ハラールの解釈も違えば、ハラール性の確保

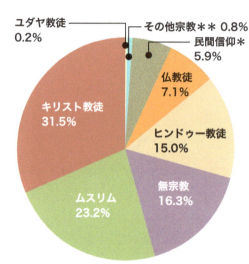

ユダヤ教徒
0.2%

その他宗教＊＊ 0.8%

民間信仰＊
5.9%

仏教徒
7.1%

キリスト教徒
31.5%

ヒンドゥー教徒
15.0%

無宗教
16.3%

ムスリム
23.2%

＊アフリカの伝統宗教、中国の民俗宗教、ネイティブアメリカンの宗教、オーストラリアのアボリジニの宗教を含む。
＊＊バハイ、シーク教、神道、道教、天理教、ウィッカ、ゾロアスターほかを含む。
パーセンテージは丸めてあるため合計しても100にはならない。

（出典：Pew Research Center's Forum on Religion & Public Life Global Religious Landscape, December 2012）

◆図 0.1　主要な宗教グループのサイズ（2010）、対世界人口比

◆表 0.1　ムスリム人口上位 10 か国（2012 年）

		ムスリム人口	ムスリム人口比	対世界ムスリム人口比率
1	インドネシア	2 億 0912 万	87.2%	13.1%
2	インド	1 億 7619 万	14.4%	11.0%
3	パキスタン	1 億 6741 万	96.4%	10.5%
4	バングラデシュ	1 億 3354 万	89.8%	8.4%
5	ナイジェリア	7730 万	48.8%	4.8%
6	エジプト	7699 万	94.9%	4.8%
7	イラン	7357 万	99.5%	4.6%
8	トルコ	7133 万	98.0%	4.5%
9	アルジェリア	3473 万	97.9%	2.2%
10	モロッコ	3194 万	99.9%	2.0%
10 位までの小計		10 億 5212 万	47.0%	65.8%
その他地域の小計		6 億 4640 万	11.7%	34.2%
世界合計		15 億 9851 万	23.2%	100%

（出典：Pew Research Center's Forum on Religion & Public Life- Global Religious landscape, December 2012）

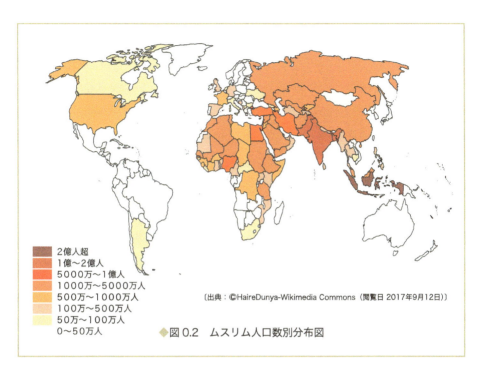

凡例：
- 2億人超
- 1億～2億人
- 5000万～1億人
- 1000万～5000万人
- 500万～1000万人
- 100万～500万人
- 50万～100万人
- 0～50万人

（出典：©HaireDunya-Wikimedia Commons（閲覧日 2017年9月12日））

◆図 0.2　ムスリム人口数別分布図

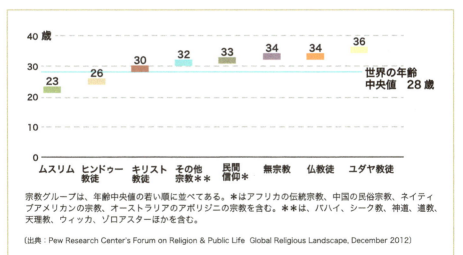

	ムスリム	ヒンドゥー教徒	キリスト教徒	その他宗教**	民間信仰*	無宗教	仏教徒	ユダヤ教徒
年齢中央値	23	26	30	32	33	34	34	36

世界の年齢中央値 28歳

宗教グループは、年齢中央値の若い順に並べてある。＊はアフリカの伝統宗教、中国の民俗宗教、ネイティブアメリカンの宗教、オーストラリアのアボリジニの宗教を含む。＊＊は、バハイ、シーク教、神道、道教、天理教、ウィッカ、ゾロアスターほかを含む。

（出典：Pew Research Center's Forum on Religion & Public Life Global Religious Landscape, December 2012）

◆図 0.3　宗教グループの年齢中央値

に関する感覚も違う。さらに、同じ地域の同じ共同体のメンバーであっても、人によって、味覚が保守的で自国の郷土料理しか好まない人もいれば、どんどん新しいものに挑戦し、ぜひ本格的な日本料理を食べてみたいと考えている人もいる。

　また、多くの人が誤解をしているが、「ハラール＝ハラール認証」ではない。認証を取得していなくても、ムスリム消費者から実質的にハラールであると判断されて、盛んに消費されているものはたくさんある。認証規格に照らし合わせると、ハラール認証取得は到底無理だと判断されるような場合でも、ムスリム対応そのものをあきらめる必要はないのだ。

　一方、ハラール認証も万能ではない。ハラールでありさえすれば高くてもなんでも売れるというものでもなく、やはり適正な価格で、かつ、消費者のニーズや嗜好に合った商品である必要がある。高い費用を出してハラール認証を取得したにもかかわらず、まったく商談がまとまらず、結局はハラールビジネスから手を引くケースも珍しくない。

　また、日本国内では、玉石混交のさまざまな「ハラール認証団体」が乱立している。そのなかには、マスジド（モスク）などの宗教的な組織をベースに活動するボランティアもあれば、高い専門性をもつ専門家を擁する機関もある。そして、利益重視の詐欺まがいのものもある。ハラール認証取得済みのマークがあってもムスリム消費者から疑いの目で見られる場合もあるし、定評のある機関から認証を取得していても風評被害に遭うこともある。

　では、ムスリム消費者から信頼を勝ちとるにはどうすればよいのだろうか。ムスリム消費者のニーズや嗜好にあった商品を開発したり、既存の商品に一工夫加えてムスリムの手にとってもらったりするには、どうすればよいのだろうか。

　本書では、次の8つのステップをおすすめする。

1. 「学ぶ」：ハラールの原則と諸問題について知り、リスクを理解する。（本書第1章　〜第3章を参照）
2. 「試作」：お金をあまりかけずに、実質ハラールの製品やサービスをつくってみる。
3. 「情報開示」：ムスリム消費者が自らハラール性を判断できるように情報開示の方法を工夫する。
4. 「試行」：製品を販売してみる。
5. 「情報収集」：消費者・従業員など身近なムスリムから意見をもらう。
6. 「改善」：商品やサービスの改善をする。

7.「相互理解と信頼関係の構築」：2～6をくり返しながら、身近な顔の見える関係
　のムスリムと相互理解を深め、消費者のニーズを把握するとともに、信頼を得る。
8.「情報発信」：顔の見える関係のムスリムから、SNSなどで情報を発信してもらう。

　第1章～第3章でまず1の基本を学び、原則と諸問題を理解した後で、それぞれ
の商品や業態に応じてムスリム対応の工夫をしてみてほしい。第4章には、2～8
のステップを実施するにあたってのヒントや注意点をまとめてある。認証を取得する
かどうかは、この8つのステップを踏んだ後に考えればよい。しかし、ここまでの段
階を踏めば、日本国内のインバウンドビジネスにおいては、おそらくハラール認証の
必要はないだろう。
　筆者の立場は、ハラール認証制度そのものを否定するものではない。現代社会にお
いて、ムスリム市場に向けて高度な加工食品を大量生産するためには、その材料の一
部だけにせよ、認証制度を利用することはもはや欠かせないと考えている。また、信
頼のおける認証レベルを維持するために努力されている認証機関にも、それを支える
専門家諸氏にも、深い敬意を抱いている。すでにハラール認証取得済みの商品やサー
ビスも大いに利用すればよいし、それによっていわゆる「ハラールビジネス」業界全
体が発展することも歓迎すべきと考える。
　しかし、ムスリム消費者へのもてなしをめざす日本国内の飲食業においては、「認証」
をあまり強調しすぎることには問題があるとも考えている。その理由は、本書を通読
していただければ明らかになるだろう。

❷ インドネシアから日本へ：ハラール研究とのかかわり

　ここでお断りしておくが、筆者はムスリムでもなければ、イスラーム研究者でもな
く、ましてやイスラーム神学の専門家でもイスラーム法学者でもない。初めは言語学
者として、のちに文化人類学者として、世界最大のムスリム人口を擁するインドネシ
ア共和国で食をテーマにフィールドワークを行ってきた研究者である。本書は、その
20年あまりの経験と、2012年からはじめたハラール認証やハラールビジネスにか
かわる調査にもとづいて著すものである。

本題に入る前に、まずは、筆者の個人的な経験からハラール研究とのかかわりに至るまでの経緯を示しておこう。そこに、ムスリムの人々と「ハラール」の概念、ハラール認証にかかわる諸問題の経緯がまさにかかわってきているからである。

　筆者は、1992年から1995年にかけて日本語教師としてインドネシア共和国北スマトラ州に派遣された。そののち、言語学および文化人類学の研究者として、同じくインドネシアの西ジャワ州を主な調査地として、インドネシア語、スンダ語、インドネシアの食文化を研究してきた。

　食のハラール性にかかわる一大事件「インドネシア味の素事件」が起こったのは、1999年の年末、文化人類学の長期調査で西ジャワの農村に住み込んでいた頃のことであった。インドネシア味の素社はハラール認証を取得して、うまみ調味料のAjinomoto®を販売していたが、これが実はハラールではなかったということで、日本人役員をはじめ6人の関係者が当局に拘束される大事件となった。

　その後、ハラールに関する研究をはじめて、筆者は改めてこの事件の詳細を知った。Ajinomoto®は、糖蜜を発酵転換させ、これを精製してつくる調味料である。発酵の際に使う菌を保存するための培地として、インドネシア味の素社は、もともとハラールな動物由来の培地を使っていた。しかし、一般的に動物由来のものは屠畜方法の問題があるため、植物由来のものに比べてハラール性の確保は難しいものとされている。そこで同社はあるとき、培地を植物性のものに変更した。ところが、この培地に問題があった。同社が購入した植物性の培地は、製造過程で豚由来の酵素を触媒（原材料に化学変化を起こすためのもの）として使用したものだったのである。完成した培地にも、ましてや製品としてのAjinomoto®にも、まったく豚の成分は入っていない。もちろん製品の検査結果からも豚由来の成分はまったく検出されなかった。当時のワヒド大統領も日本との関係を慮って、「これはハラールである」と弁護した。しかし第1章の4節で詳しく説明するが、豚はイスラームにおいては重度の不浄をもつ穢れた存在であり、その穢れを浄めるには特殊な宗教的洗浄を行う必要がある。結論として、インドネシアのハラール認証機関MUI（インドネシア・ウラマー[1]評議会）は、この製品を「ハラールではない」として、製品はすべて回収された。

　初めて私がインドネシアに住んだ1992年当時、Ajinomoto®はすでに北スマトラの片田舎にも普及しており、子どもたちは日本人を見るとあいさつ代わりに「アジノ

---

[1]　ウラマーとはイスラーム知識人をさす。

モト！ トヨタ！ おしん！」と叫んでいたものである。それほど人口に膾炙し、ま
た日本のイメージとも結びつく商品であった。

　その Ajinomoto® が「ハラールではない」とされたことは、当時、インドネシアの
ムスリム消費者に大きな衝撃をもたらし、インドネシアと日本の国家関係をも揺るが
しかねない大問題となった。しかし、前述のような詳細な経緯は、一般消費者にはほ
とんど理解されず、筆者も含め、ほとんどの人は「味の素（の製造工程）に豚が混入
していた」という程度に解釈していたと思われる。当時、筆者が住み込んでいた西ジャ
ワの調査村の村人や、都市部でお世話になっている先生方は、ほぼみなムスリムだっ
た。日本への一時帰国の際は、大勢の人に大量のお土産を購入するため、安いふりか
けやおかきは定番だったのだが、事件の影響で選択肢が一気に狭まり、化学調味料無
添加のふりかけを必死に探したことを思い出す。味の素社の名誉のために言い添える
と、その後の誠意ある迅速な対応と地道な努力により信用をとりもどし、同社は今で
もうま味調味料や風味調味料の一大メーカーとして市場の一角を占めている。

　さて、その後、縁があって筆者は、農文協から刊行されていた全集「世界の食文化」
のインドネシアの巻を書かせていただくことになった。2008 年に『世界の食文化
6　インドネシア』を上梓すると、インドネシアへの進出や輸出を考える企業から相
談を受けるようになった。2012 年に尖閣諸島問題の再燃により日中関係が悪化する
と、日本企業は、次なる進出先・輸出先として東南アジアへの関心を高めた。そのター
ゲットは、大陸部の仏教諸国か、島嶼部のムスリム諸国かに大きく二分され、島嶼部
の雄であるマレーシア・インドネシアの食文化や、ムスリム対応についての情報が求
められた。

　2011 年 10 月から、筆者は東京工業大学大学院イノベーションマネジメント研究
科に設置された「ぐるなび」食の未来創成寄附講座で仕事をはじめた。ここでは産官
学連携を謳って、研究成果を社会に還元することが重んじられていた。また、この時
期はちょうど日本のハラールビジネスブームがはじまりつつあるタイミングにぶつ
かっていた。2012 年当時、「ハラール」という言葉を冠したビジネスセミナーに行
くと、そのほとんどがグローバル・ハラール・ハブ政策を掲げるマレーシア関係者か
らの情報で占められていた。その論調はほぼ共通で、ハラール認証さえとれば、食だ
けでも 30 兆〜70 兆円のムスリム市場が、手つかずのブルーオーシャンとして開け
ている、といったものだった。セミナーでは、具体的な認証規格や手続き、ハラール
市場進出のリスクはまったく述べられていなかった。インドネシア味の素事件当時の

経験を思い起こせば、このような、にわかなハラールビジネスブームには危惧を覚えざるをえなかった。

「ハラール認証を取得する」ということは、単に書類を揃えて証明書をとればよいというようなものではない。また、社内でハラール担当者が一人いればよいというものでもないし、ましてや外部のコンサルタントに任せてしまえばすむというようなことでもない。決定権をもつ会社のトップ経営陣がハラール製品生産に責任をもって積極的に主体的に関与するとともに、ハラール製品の生産や販売にかかわる全社員がハラールとは何かを理解し、さらに原材料の調達元や製品の販売先に至るまでハラール製品生産をしていることについて周知し、協力を仰ぐ必要がある。また、現地監査にやってくるムスリムの監査官をもてなし、コミュニケーションをとることも必要になる。

イスラームやムスリムについて何も理解していない人がいきなりハラール認証を取得しようとすることは、文字も書けない幼稚園児がいきなり大学受験をするようなものだ。さらにいえば、大枚をはたいてハラール認証を取得したとしても、それだけで自動的に売れるというものでもない。ターゲット市場を定めて、その嗜好に合った商品を開発する必要があるし、認証そのものも市場にあったものを取得しなければ意味がない。ムスリムは世界中にいて、それぞれに基層的な食文化も違い、味つけも調理法も食べ物の好みもまったく違うし、認証規格や飲食品の輸入や流通をめぐる法律や制度もそれぞれ違うからである。

2012年はまた、インドネシアのハラール認証機関MUIが新しく明文化された認証規格やオンライン申請システムを発表し、インドネシアにおけるハラール認証制度が大きく動いた年でもあった。そこで筆者は、MUIの主催する企業内監査員向けの研修を受け、ハラール認証の制度や規準について学んだ。2012年12月にはインドネシア国内企業向けのインドネシア語版研修を受講、2013年10月には国際企業向けの英語版研修を受講した。さらに、ハラール製品を集めた展示会マレーシアインターナショナルハラールショウケース（MIHAS）やインドネシアハラールエクスポ（INDHEX）、ドバイのガルフードなどを視察し、これらと並行して行われている国際的な学術会議やシンポジウムなどに参加して、最先端の研究成果を学んだ。それと同時に、インドネシアの友人や知人にインタビューをし、ジャカルタやバンドゥンを中心に都市生活者の食生活を観察し、ネット世界に広がる噂や、ハラールにまつわる市民活動についても情報を集めた。また「ぐるなび」食の未来創成寄附講座の食文化共

同研究や早稲田大学食のハラール研究会のメンバーらからは、世界各国各地のムスリムの生活とハラールに関する多様な実践のあり方を学んだ。

　このような調査や共同研究から、制度としてのハラール認証や明文化された認証規格と、実際のムスリム消費者のニーズや理解は、必ずしも一致するわけではないということが明らかになった。認証をとりさえすれば売れるというものでもないが、逆に認証がなくてもムスリム消費者が食べられると判断するものもたくさんあるのだ。

　そこで、この成果を伝えるため、「ぐるなび」食の未来創成寄附講座の主催で、2013年5月に第1回 食のハラール性に関する国際シンポジウムを開催した。一方では、文化人類学的な研究成果からみるムスリム消費者の多様な消費実態を紹介し、他方では、東南アジアのハラール認証先進地域であるマレーシア・インドネシア・タイの専門家を招いてハラール性の確保に貢献する最先端の科学技術を紹介した。同時に、MUIの食品・化粧品・医薬品検査機関（LPPOM）の所長によるインドネシアのハラール認証規格についてのセミナーも開催した。

　翌2014年6月に開催した第2回 食のハラール性に関する国際シンポジウムでは、ニュージーランド・ブラジル・マレーシア・英国・フランス・米国からの専門家を招いて、グローバルなハラールビジネスの歴史的展開をたどった。オーストラリア・ニュージーランド・ブラジルといった非イスラーム諸国からのハラール屠畜肉の輸出にはじまり、アメリカや東南アジア諸国における加工食品のハラール認証に至るまでの展開、ハラールビジネスとブランディング、ムスリム消費者の食選択、そして、認証規格の世界統一をめざす動きとその諸問題を紹介するものであった。

　一方、ほぼ時を同じくして、外国人訪日客をターゲットとする日本国内のインバウンドビジネス関係者もまた、ムスリム観光客を迎え入れる体制の必要性を意識しはじめていた。

　2013年には東京が2020年オリンピックの開催地に決定、翌2014年12月には、和食がユネスコの無形文化遺産に指定され、訪日外国人観光客の受け入れ態勢を整えることが急務となった。2013年はビジット・ジャパン事業10周年目で史上初の訪日外国人1,000万人が達成され、さらに2,000万人へと目標が掲げられた。ビザ免除・ビザ支給条件の緩和などの影響もあって、東南アジアからの訪日客は増加の一途をたどっている（図0.4）。とくにタイからの急増が目立つが、その他の東南アジア諸国も、経済成長やライフスタイルの変化により、今後、海外旅行の急速な増加が見込まれる

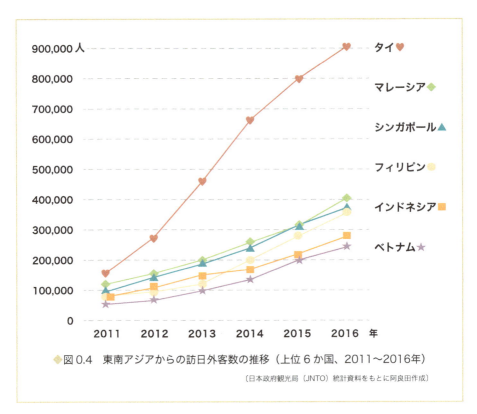

◆図 0.4　東南アジアからの訪日外客数の推移（上位 6 か国、2011〜2016年）

〔日本政府観光局（JNTO）統計資料をもとに阿良田作成〕

◆表 0.2　国別人口におけるムスリム人口比

訪日客数順位	国　名	対人口ムスリム人口比率	出　所
1	タイ	5%	＊
2	マレーシア	約67%	＊
3	シンガポール	14.4%	＊＊
4	フィリピン	5%	＊
5	インドネシア	87.21%	＊

＊外務省 Web サイト国・地域情報より（閲覧日 2017年9月13日）
＊＊シンガポール統計庁 Web サイト General Household Survey 2015 の table 43 にもとづき算出

市場である。

　なかでも、マレーシアはムスリム人口比率が7割弱、インドネシアは9割弱を占める（表0.2）。そこで、礼拝対応やハラール食対応など、ムスリム観光客に安心してきてもらうための基礎づくりが急がれた。日本アセアンセンターは2012年11月末に第1回、2013年3月末に第2回の「ASEANからのムスリム観光客受け入れセミナー」を開催し、2013年度には全国各地で28回ものセミナーを行った。2013年は日本・ASEAN友好協力40周年の節目でもあり、日本政府観光局（JNTO）も観光庁と協力して、「東南アジア・訪日100万人プラン」に向けてムスリム・ツーリズムセミナーを開催している。

　以上に見てきたように、全体として、日本では、2012年から2013年頃を境に、飲食品の製造業者や訪日外国人旅行客関係業界など、幅広い業界で急速にムスリム市場への意識が高まったということができるだろう。

　こういった状況を反映して、日本ではその後数年の間に、雨後の筍（たけのこ）のようにハラールをめぐるコンサルタントや「ハラール認証機関」が増えた。しかし、日本国内のハラール認証機関は玉石混交で、認証機関をとりまとめる統率機関もなければ、いい加減な機関をとり締まる法律もなく、問題は絶えない。

　また、認証をとらずに自力でムスリム対応をしようとする日本国内の飲食業者のための指南書もみられるようにはなったが、これまた玉石混交で、かえって誤解を与えかねないような内容のものもある。ハラールについての理解が日本社会に十分に行き渡ったとはいえず、誤解や思い込みもまだまだ多い。

　そこで、2016年2月に開催した第3回 食のハラール性に関する国際シンポジウムでは、テーマを「食のハラールの原点－宗教実践としてのハラールとインバウンドビジネス」とし、神学者や宗教学者、ムスリム消費者、外国人消費者への情報提供サービスにかかわる専門家を招き、認証に頼りすぎないムスリム対応の指針となる情報を発信した。

　本書はムスリム対応の入門書として、前述のシンポジウムの骨組みをもとに、日本国内でムスリム対応をはじめようと考える方に向けて、ハラールにかかわる諸問題の基礎を概説し、時間や経費のあまりかからない解決法を提案するものである。

　国際シンポジウムや食文化共同研究の公開講義等では、お招きした専門家諸氏によって、専門的で深みのある論考が紹介され、多岐にわたる議論が行われた。論証の

詳細はそれぞれの著作等を参照されたい。本書で紹介できたのはそのごく一部の断片にすぎない。ただし、「ぐるなび」食の未来創成講座食文化共同研究会の研究成果は、阿良田麻里子編『文化を食べる、文化を飲む－グローカル化する世界の食とビジネス』（2017、ドメス出版）として公刊されている。そのうち第一部に所収された5つの論文はハラールをテーマにしており、本書の第3章、第4章とかかわる内容を扱っている。

　食の禁忌をもつ人々はムスリムだけではない。ユダヤ教徒、ヒンドゥー教徒、仏教徒、ヴェジタリアンなどさまざまな人々がどのように禁忌と食実践を結びつけているのか、またこういった人々に日本で食を提供する際の困難や、おもてなしにおける柔軟な対応の実例については、阿良田麻里子編「特集 宗教的タブーとおもてなし」『季刊Vesta』105号、0-51頁（2017、味の素食の文化センター）を参照されたい。当事者や、海外でフィールドワークを行っている研究者のみなさんに実体験にもとづいた文章を寄せていただいた。本書の第4章と併せて読んでいただければ、とくに訪日外国人観光客対応においては参考になるだろう。

　本書を上梓するにあたって、草稿の段階で、日本ムスリム協会の遠藤利夫先生、早稲田大学の砂井紫里氏に目を通していただき、貴重なアドバイスをいただいた。とくに感謝の意を表したい。また、講談社サイエンティフィクの堀恭子氏には本書の企画段階から編集者としてご指導いただいた。イスラームにあまりなじみのない方にもご一読いただけるよう、手にとりやすく読みやすくしたいという気持ちが少しでも実現できたとすれば、堀氏とすばらしいイラストを書いてくださったおのみさ氏、ブックデザインを考えてくださった甲斐順子氏のおかげである。

　ただし、本書は、あくまで筆者がこれまでの研究活動で得た知識の概要を、初心者向けにまとめたものである。誤りや不足等は、改めて申し述べるまでもなく、すべて筆者の責任であることを申し添えておく。何かお気付きの点等があれば、ご指摘・ご教示いただければ幸いである。

ハラールとは何か

本章ではハラールの基本的な考え方を理解する。まず第1節でイスラームについて
ごく基礎的なことを紹介する。第2節ではハラールの基礎とその根拠、ハラールの解
釈や飲食行動に多様性がある理由を概観し、第3節で具体的にハラール（合法）とさ
れる飲食物、ハラーム（非合法）とされる飲食物をまとめる。また第4節では不浄の
概念とその浄化の方法について説明する。

1 イスラームの基礎

　すでに述べたとおり、「ムスリム」とはイスラーム教徒のことであり、「ハラール」
とは、「イスラーム法（シャリーア）によって許されている物事」をさす。そこで、まず、
イスラームという宗教とはどのような宗教なのか、ムスリムとはどのような人たちな
のか、ということをごく簡単にみておこう。ただし、念のため、本書はムスリム対応
を考えている非ムスリムのための入門書であって、イスラームへの入信を考える方の
ための入門書ではないことを確認しておく。

1. イスラームとムスリムのイメージ

　まずイスラームは、人種や民族を差別しない宗教なので、だれでも信徒になること
ができる。だから、序章でも述べたように、ムスリムは世界各地に広く分布している。
ムスリムの共同体をウンマと呼ぶ。イスラームの教えには日常生活のこまごまとした
ことまでが含まれており、総合的なライフスタイルの指針というような趣がある。
　イスラームというとテロやIS[1]などを連想するかもしれない。女性を抑圧する恐ろ
しげな男性の姿を想像する人もいるかもしれない。しかし、実際には、圧倒的に多数
派なのは、ごく普通に平和に生きている穏当なムスリムであるし、多くのイスラーム
社会において、女性たちは男性にひけをとらぬ活躍をしている。

---

[1]　IS（イスラーム国）はイスラームを標榜してはいるが、多くの穏健派のムスリムは、ISの行いをイ
スラーム的ではないとしている。ISは2016年の断食月に欧米諸国への攻撃を呼びかけたが、このこ
とも強く批判されている。

◆写真1.1　タイのハラール関係国際イベント
の会場で　色とりどりの服装をしたムスリム女
性たち（2015年12月）

◆写真1.2　マレーシアの国際ハラール見本市
のブースで　スカーフで髪を隠していない女性
もいる。（2016年4月）

　ムスリム女性というと、アバヤと呼ばれる真っ黒な布に全身を包み、目だけを出し
た女性をイメージするかもしれないが、そこまでしない地域も多く、個人差も大きい。
東南アジアでは、ほとんどのムスリム女性はカラフルなファッションを楽しんでいる。
髪を覆うスカーフも色とりどりでおしゃれなスタイルも工夫されているし、そもそも
スカーフをまったくしないムスリム女性もいる。（写真1.1、1.2）
　イスラームはもてなしの心を美徳としている。インドネシアの人はよく「たとえ敵
でも、訪ねてきたら3日は泊めてもてなせ」という教えがイスラームにはあるのだと
いう。筆者も、知人に紹介されて訪れた初対面の人の家に泊めていただいたことがあ
る。友だちや親戚ならば、1か月以上滞在するというのも当たり前の話であるし、突
然訪ねていった先で食事をごちそうになるのも日常茶飯事である。一般家庭での日常
的な心温まるもてなしという点では、日本の「おもてなし」などはるかに及ばないも
のがある。
　勤勉もまたイスラームにおいては美徳である。本来、イスラームにおいては、お金
を貸して利息をとることは禁じられているが、まっとうな商売をして、そこから利益
を得ることはむしろ奨励されているし、ビジネスに投資をして利益を折半することも
許されている。誠実に正直に商売をしている限り、ハラールな品物の売買によって利

益を得ることが非難されるいわれはまったくない。昨今のハラールビジネスブームに苦い気持ちをもち、批判を加える人もときにいるが、それは「ハラール」という宗教的な概念をビジネスに利用するということに対する批判であって、ハラールな飲食物を商うことへの批判ではない。

2. 六信

ムスリムの信仰の柱となるものは六信五行（六信五柱ともいう）である。

まず、六信とは、ムスリムの信じるべき6つのものをさす。①唯一全能の神アッラーを信じること、②天使たちを信じること、③神からの啓示を集めた聖なる書である啓典を信じること、④神からの啓示を受けた預言者たちを信じること、⑤来世を信じること、⑥神の定めた運命（天命、定命、予定などと訳される）を信じること、である。イスラームにおいては、最新にして最高の啓示を受けた預言者がムハンマド（マホメット）であり、それを記した啓典が『クルアーン（コーラン）』である。しかしそれだけではなく、ユダヤ教の聖典『トーラー（旧約聖書）』や『新約聖書』に現れる預言者たちもまた同じひとつの神から啓示を与えられた預言者たちとして認められている。そして、神からの啓典を授けられた民ということで、ユダヤ教徒やキリスト教徒を「啓典の民」と呼ぶ。

ちなみに、神の定めた運命を信じていると、人の意思だけで勝手に約束をすることはできない。どんなに用意周到に準備しようとも、人の行おうとしていることが神の御心に沿わなければ、神の御業によって妨げられてしまう可能性があるからである。だからムスリムは、約束事をするときには「インシャーアッラー（神の御心のままに、神が望みたもうたならば）」という言葉をつけ加える。よく誤解されるが、それは守るつもりのないいい加減な約束ということではなく、神の御心に沿う限りにおいて約束するという意味である。これをいわずに約束をすることは不信心にあたるので、ムスリムに「インシャーアッラー」なしの誓いや約束を強要してはいけない。

3. 五行

五行とは、ムスリムの行うべき5つのこと、すなわち、①信仰告白、②礼拝、③喜捨、④断食、⑤巡礼という5つの義務行為をさす。

❶信仰告白（シャハーダ）とは、「アッラーのほかに神はなし、ムハンマドはアッラーの使徒である」という意味のアラビア語を唱えることである。新しくイスラームに入信しようとするものは、敬虔な男性のムスリム2名以上の前で信仰告白を行う。これが正式な入信の手続きとなる。

❷礼拝（サラート）とは、キブラ（聖地マッカにあるカアバ神殿の方角）に向かって神に祈りを捧げることである。1日に5回の義務のサラートのほかに、やらなくてもよいが、やれば神の報奨が得られる任意のサラートがある。このサラートはムスリムの信仰行為のなかでも、信者と神とが一対一で向き合う非常に重要なものである。サラートはしばしば「お祈り」とも訳され、何か具体的な物事の実現を祈ることと混同されがちである。しかし、礼拝は、決まった姿勢の連続を行いながら決まった章句を唱えることで、神を崇拝する行為であり、具体的な物事に関連して祈る祈祷（ドゥアー）とははっきり区別される。ムスリム対応においては、礼拝対応が非常に重要な要素になる。詳細は、付録1「礼拝への対応」を参照されたい。

❸喜捨（ザカート）とは、収入の一部を困窮者・改宗者・伝道者・旅人などに施すことであり、資産のある者は一定の割合でその資産の一部を決まった時期に喜捨する義務がある。義務の喜捨であるザカートのほかに、サダカと呼ばれる任意の喜捨もある。インドネシアでは、富裕層が個人としての喜捨をするほかに、企業が大きな催しやイスラーム暦の重要なイベントに関連づけて、モスクや養老院や孤児院などに寄附をすることがよくある。日本の企業がムスリム関連ビジネスにかかわる場合も、商売が順調にいって利益が出始めたならば、その一部をなんらかのかたちでムスリム社会に還元することを意識したほうがよいだろう。見せびらかすのはよくないが、はっきりと見えるかたちで寄附を行いつづけることが企業イメージの向上につながる。

❹断食（サウム）とは、イスラーム暦（ヒジュラ暦）の第9月にあたるラマダーン（ラマザン）月の間、1か月間の断食斎戒を行うことをさす。断食といっても1か月間何も食べないということではなく、イスラームにおける断食は、夜明け前から日没時まで一切の飲食を断つことを意味している。この時間帯は、水も飲まないし、たばこも吸わないし、夫婦間でも性行為を行ってはならない。つばは飲んでもよいが、厳しい人はつばも飲まずに吐き出すこともある。断食月の間は、とくに心を清く保ち、けんかをしたり悪口をいったりしてはならない。詳しくは付録2「断食への対応」を参照されたい。

❺巡礼（ハッジ）とは、聖地マッカ（メッカ）への大巡礼をさす。一生のうち一度

は行うべきものとされるが、これは大変な体力と費用を要するので、ほかの4つの義務と違って、できる状態の人だけが行えばよい。大巡礼は、ヒジュラ暦の第12月である巡礼月に行う一連の儀礼で、この時期には世界中からムスリムが集まる。出発国ごとに割り当て人数が決まっていて、日本のようにそもそも在住ムスリムが少ない国からは比較的行きやすいので、日本留学中に大巡礼に行く人も珍しくない。大巡礼をすませた人は、男性はハジ、女性はハジャと呼ばれる。

4. 行為の五分類

◆表1.1　行為の五分類と報奨、罪

行為の五分類	行う	行わない
義務行為 （ファルド／ワージブ）	報奨あり	罪になる
推奨行為 （ムスタハッブ／マンドゥーブ）	報奨あり	罪なし
許容行為（ムバーフ）	報奨も罪もなし	
忌避行為（マクルーフ）	罪なし	（やめると） 報奨あり
禁止行為／非合法／禁忌（ハラーム）	罪になる	報奨あり

イスラームでは、行為を5つに分類する（表1.1）。

1. 義務行為は神が人に命じた義務の行為であり、行わないと罰せられるが、行えば神からの報奨が得られる。義務の礼拝や断食などがこれにあたる。義務行為のなかでも、とくに厳しく命令されたものをファルド、通常の義務をワージブと呼ぶ。
2. 推奨行為は、行わなくても罰せられることはないが、行えば報奨が得られる。任意の礼拝などがこれにあたる。マンドゥーブ、ムスタハッブなどと呼ばれる。
3. 許容行為はムバーフと呼ばれる。行っても行わなくても、罰せられもせず報奨もない中立的な行為である。歩く、話すなどといった人間の日常生活のほとんどの行為がここに分類される。

4. 忌避行為はマクルーフと呼ばれる。行っても罰せられるわけではないが、避けたほうがよいとされる行為である。たとえば離婚や喫煙などがこれにあたる。

5. 禁止行為はハラームと呼ばれる。不法であり、行うと罰せられ、行わないように身を律しつづけていれば報奨が得られる。婚姻外の性交渉や、泥棒、利息をとって金を貸すこと、豚肉や血や邪神への捧げものを食べることなどがこれにあたる。

5. ハラール・ハラーム・シュブハ

　行為の五分類のうち、「ハラーム」すなわち「禁じられている物事、不法な物事」の反対語として、「ハラール」がある。「ハラール」は、「イスラーム法によって許されている物事、合法的な物事」を意味する。原則として、禁じられていること以外はハラールなので、前述した行為の五分類のうち、ハラーム以外の四分類は、ハラールということになる。ただし、ハラールとハラームの間には、どうしても微妙な物事、どちらかわからない物事が生じる。こういった「疑わしい物事」を「シュブハ」と呼ぶ。シュブハは避けるべきとされる。

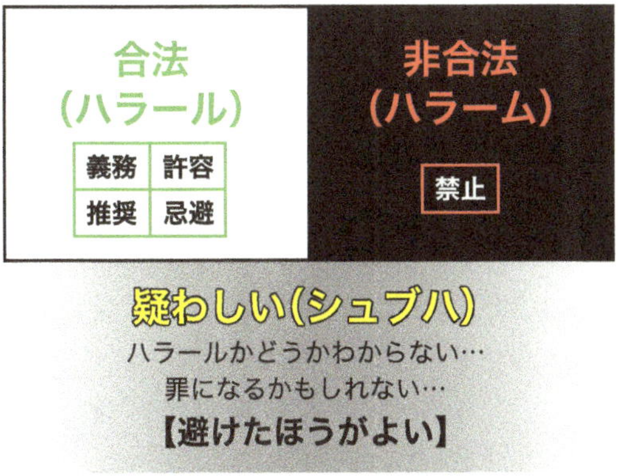

　つまり、避けるべきとされる行為のなかには、合法（ハラール）だが、しないほうが望ましいとされる忌避行為（マクルーフ）もあるし、合法であるかどうか疑わしい（シュブハ）ためにやめておいたほうがよい行為もあるということになる[2]。ここは少しわかりにくいところなので、理解を

◆図1.1　行為の五分類とハラール／ハラーム

---

[2]　筆者は長らく思いちがいをして義務・推奨・許容までがハラールで、マクルーフはハラールではないと考えていた。しかし、宗教学の専門家である八木久美子氏から、離婚や喫煙はマクルーフでハラールであるとのご指摘を受けたため、この場を借りて訂正しておきたい。

助けるために、試みに、行為の五分類とハラール・ハラーム・シュブハの関係を図1.1にまとめてみた。

　なお、ハラールをアルファベット表記すると Halal または Halāl となる。日本ではトルコ語にもとづいた表記 Helal もときにみられる。ハラームは Haram/ Harām である。LとRの区別がつかない日本人にとっては非常によく似ていて間違えやすいが、まったく逆の意味なので、注意する必要がある。せっかくハラールな食品なのに、間違えて Haral などと表記しているのをしばしば見かける。これでは疑わしいことこのうえないので、アルファベット表記の際にはよく気を付けていただきたい。

 ## ❷ ハラールの基礎とその根拠

　ハラール／ハラームの区別は、飲食だけではなく日常の諸行為すべてにみられる。泥棒や汚職や婚外の性交、お金を貸して利息をとることなどはハラームであり、許されない。食べ物の材料や調理法がハラールなものであっても、それを手に入れる手段や購入に使った金が不正なものであれば、その食べ物はハラームとなってしまう。

1. 禁忌の根拠

　何がハラールで何がハラームかを決めるのは神だけである。その規範を判断する源になるのは、聖典『クルアーン（コーラン）』と、預言者ムハンマドの言行スンナである。スンナの内容とその伝承経路をまとめた書物を『ハディース』[3] と呼ぶ。また、クルアーンやスンナからの類推（キアース）と、ムスリム共同体にみられる一般的な合意

---

[3]　ハディースのうち、伝承経路が明確で信頼に値するものをサヒーフと呼ぶ。ハディース集は複数あるが、サヒーフを集めた「サヒーフ・アル＝ブハーリー」と「サヒーフ・ムスリム」には和訳があり、前者は牧野信也訳『ハディース イスラーム伝承集成』として中央公論新社から、後者は磯崎定基・飯森嘉助・小笠原良治訳『日訳サヒーフ・ムスリム』として日本ムスリム協会から出版されている。

[4]　宗教学的な観点からみたハラール概念やハラールビジネスの世界的展開については、八木久美子『慈悲深き神の食卓―イスラムを「食」からみる』（2015、東京外国語大学出版会）に詳しい。

も、イスラーム法の法源となる。

　神がハラームと定めたものは、神が禁じたものだから禁じられているのであって、そこには、なぜ禁じられているのかと疑念を挟む余地はない [4]。たとえば豚肉は、クルアーンのなかで何度も明確に禁じられている。豚肉が禁忌となっている理由を憶測して、寄生虫や病原菌などの衛生的な理由からだったのではないかとか、イスラームの生まれた地域の環境に適さない動物だったからではないかなどと理由づけすることがある。そして、だから衛生的に育てた豚の肉ならば食べてもよいのではないかなどという人もいるが、そうではない。神は「不衛生な豚の肉」「健康に悪い豚の肉」を禁じたのでなく、「豚の肉」を禁じられたのであるから、その禁忌の理由は人智の及ばぬところにあり、従うほかはないのである。

2. 食べ物の禁忌の大原則

　ここで、クルアーンのなかでも、とくに食の禁忌がまとめて述べられている有名な章句を 3 つ引用する [5]。

> 2　牝牛の章 167［172］〜 168［173］（井筒俊彦 訳『コーラン（上）』岩波文庫、42 頁）
> これ、信徒の者よ、我ら（アッラー自称）が特に汝らのために備えてやったおいしい物を沢山（たくさん）食べるがよいぞ。（中略）
> アッラーが汝らに禁じ給うた食物といえば、死肉、血、豚の肉、それから（屠る時に）アッラー以外の名が唱（とな）えられたもの（異神に捧げられたもの）のみ。それとても、自分から食い気を起こしたり、わざと（神命に）そむこうとの心からではなくて、やむなく（食べた）場合には、別に罪になりはせぬ。（後略）

5　厳密にいえば、クルアーンとは、アラビア語で表記されたもののみをさし、外国語に翻訳することはできないとされるが、注釈というかたちでさまざまな言語で概要を知ることができる。ここでは井筒俊彦訳の岩波文庫版を使用するが、掲載頁数は版によって異なる場合があるので、章名と節番号を挙げておく。和訳にはほかにも、藤本勝次ほか訳『コーラン』（2002、中公クラシック）、三田了一訳『聖クルアーン─日亜対訳・注解　改訂版』（1996、日本ムスリム協会）、中田考監修『日亜対訳 クルアーン─「付」訳解と正統十読誦注解』（2014、作品社）などがある。

5 食卓の章4［3］（井筒俊彦 訳『コーラン（上）』岩波文庫、144頁）

汝らが食べてはならぬものは、死獣の肉、血、豚肉、それからアッラーならぬ（邪神）に捧げられたもの、絞め殺された動物、打ち殺された動物、墜落死した動物、角で突き殺された動物、また他の猛獣の啖ったもの——（この種のものでも）汝らが自ら手を下して最後の止めをさしたもの（まだ生命があるうちに間に合って、自分で正式に殺したもの）はよろしい——それに偶像神の石壇で屠られたもの。それからまた賭矢を使って（肉を）分配することも許されぬ。（後略）

6 家畜の章146［147］（井筒俊彦 訳『コーラン（上）』岩波文庫、198頁）

宣言せよ、「わしに啓示されたもの（『コーラン』）の中には、死肉、流れ出た血、豚の肉——これは全くの穢れもの——それにアッラー以外の（邪神）に捧げられた不浄物（ふじょうぶつ）、これらを除いては何を食べても禁忌ということにはなっていない。そればかりか、（たとえこれらの不浄物でも）、別に自分で食気を起したとか、ただやたらに規則に叛きたくてするのではなしに、やむを得ず（食ってしまった）場合には、神様は（大目に見て下さる）。よくお赦しになる情深いお方だから。」

　以上からもわかるように、クルアーンのなかで、明示的にくり返しハラームな食べ物として示されているものは、死肉（つまりイスラーム法に則って正しく屠畜されていない肉）、流れ出た血、豚の肉、唯一神以外の神に捧げられたもののみである。

　ただし、これ以外の食べ物でも、別の啓示の解釈によって禁じられていると判断されたり、ハディースのなかで預言者が禁じたというエピソードがあったりしてハラームとされることがある。そういった食べ物や、動物の正しい屠畜方法など、具体的な食のハラール・ハラームの詳細については第3節（29頁）で述べることにする。

3. アルコール飲料の禁忌

　前項では食べ物の禁忌をみたが、イスラームの禁忌で有名なものといえばアルコール飲料である。アルコールがさきほどのリストのなかに出てきていないことを意外に思われたかもしれない。アルコールは飲み物なので、食べ物に関する啓示には含まれていないということもあるが、実は、イスラームの初期においてはアルコールを飲むことは禁じられておらず、途中から厳しく禁じられるようになったという経緯がある。

クルアーンのなかで酒の禁忌を明確に示した章句は、次の2つしかない。

> 2　牝牛の章216 [219]（井筒俊彦 訳『コーラン（上）』岩波文庫、53頁）
> 酒と賭矢（かけや）について、みんながお前に質問して来ることであろう。答えよ、これら二つは大変な罪悪ではあるが、また人間に利益になる点もある。だが罪の方が得になることよりも大きい、と。（後略）

> 5　食卓の章92 [90]（井筒俊彦 訳『コーラン（上）』岩波文庫、163頁）
> これ、汝ら、信徒の者よ、酒と賭矢（かけや）と偶像神と占矢（うらないや）とはいずれも厭（いと）うべきこと、シャイターン（サタン）の業（わざ）。心して避けよ。（後略）

　牝牛の章のほうは、確かに罪にはなるけれども、一定の利益も認めているようにも読める。理屈抜きに禁じられている豚肉や死肉に対する禁忌とは、ずいぶんと温度差がある。一方で、食卓の章のほうは、偶像神を崇めることと並ぶ大きな悪として、酒を戒めている。食卓の章は、牝牛の章よりものちにくだされた啓示であり、時代を下るにしたがって酒に対する禁忌が厳しくなっていったことがうかがえる。

　高名なイスラーム学者アル・カラダーウィーによれば、預言者は酒に関して十種の人々を非難したというハディースがある。「①自ら製造する者、②依頼されて製造する者、③飲酒者、④供給者、⑤運送者、⑥依頼されて運送する者、⑦販売者、⑧販売により利益を得る者、⑨購買者、⑩依頼されて購買する者（遠藤利夫訳、176-177頁）」である。こうなると、酒の禁忌はとても厳しいものであるといわざるをえない。ハラール認証団体の掲げる規格のほとんどは、こういった厳しい解釈に従っている。しかし、酒についてはいまだにいろいろな解釈や議論があり、実際に酒をたしなむムスリムも少なからずいる。これについては第3章の5節でもう一度詳しく扱う。

　なお、アル・カラダーウィーの著作『イスラームにおけるハラールとハラーム』は、英訳をはじめ、世界各地の言語に翻訳され、多くのムスリムに参照されている。日本語でもその抄訳を読むことができる（遠藤利夫訳、アル・カラダーウィー著『イスラームにおける合法（ハラール）と非合法（ハラーム）』抄訳 I、II、拓殖大学イスラーム研究センター刊『シャリーア研究』vol.2：159-183頁および vol.3：97-141頁）。ただし、この抄訳では出典情報の多くを省略してある。それぞれの禁忌のもとになるクルアーンやハディースの章句がどのようなものなのか、それらがどのような

経路で伝わってきたのかを詳しく知りたければ、英訳された『The Lawful and the Prohibited in Islam (Al-Halal Wal Haram Fil Islam)』を参照するとよいだろう。

4. ハラールなものを勝手に禁忌にすること

　禁じられたハラームなものをハラールと偽ることはもちろん許されていない。しかし、それだけではなく、逆に神に許されたハラールなものを人間が勝手に禁忌にすることも許されていない。つまり、ハラールとハラームを決定する権威は神のみにあり、神のしもべたる信徒に対して、宗教的な権威者であれ現世的な権力者であれ、ほかの人間が、何かを勝手に恒久的に禁じることは許されていないのである。また、イスラームには、度を超して細かく質問をしすぎることを禁じる教えもある。

　　　5　食卓の章89［87］（井筒俊彦 訳『コーラン（上）』岩波文庫、162 頁）
　　　これ、汝ら、信徒の者よ、せっかくアッラーが許し給うたおいしいものを勝手に禁忌(きん)にしたりしてはいけない。何事でも規(のり)を越してはいけない。アッラーは規を越す人を好み給わぬぞ。

　　　5　食卓の章101［101］（井筒俊彦訳『コーラン（上）』岩波文庫、165 頁）
　　　これ、汝ら、信徒の者よ、そうむやみに質問ばかりするものではない。はっきりわかるとかえって身の害になるものもある。だがそういう種類の事柄についても、もし汝ら、『コーラン』が下されている最中にお伺いを立てれば、説明して戴けよう（マホメットが忘我の状態に入っている最中に質問を出せば、わかるとかえって害になることでも自ずと神の答えが下ってしまう）。（後略）

　　　6　家畜の章118 〜 119（井筒俊彦訳『コーラン（上）』岩波文庫、192 頁）
　　　アッラーの御名を唱えて(とな)（浄めた食物は）遠慮(きょ)なく食うがよい、もし汝らが本当に神兆を信じておるならば。
　　　これ、どうした、アッラーの御名で祝福されたものを汝らなぜ食べないのか。やむをえぬ特別の場合を除いて食ってならぬものについては、すでに詳(くわ)しく説明して戴いてあるではないか。まことに何にも知りもしないで、ただ自分のいいかげんな気まぐれから(おか)（他人）を迷わす人間が何と多いもの。戒を犯す人のことはアッラーが一番よく御存知。

7　胸壁の章 32 〜 33（遠藤利夫 訳, アル・カラダーウィー 著『イスラームにおける合法（ハラール）と非合法（ハラーム）』抄訳 I, 拓殖大学イスラーム研究センター刊『シャリーア研究』vol.2: 162 頁）[6]

言ってやるがいい。「アッラーがしもべたちに与えられた、かれからの（賜物）や、食料として（与えられた）清浄のものを、誰が禁じたのか。」言ってやるがいい。「本当にわたしの主が禁じられたことは、あからさまな、また隠れた淫らな行いや罪、真理や道義に外れた迫害、またアッラーが何の権威をも授けられないものを崇拝すること。またアッラーについて、あなたがたが知らないことを語ることである。」

　こういうことから、実は、ムスリムのなかには、後述する「ハラール認証」制度そのものを批判する人もいる。ハラール認証規格のなかには、生産体制の厳しい管理を要求する規格があって、ごく一般的なムスリムが直観的にハラールだと感じるような品物でも、ハラール認証が取得できないことがしばしばある。このように、人がつくった認証団体が独自に細かいルールを定めてハラールかハラームかを判断するということ自体が、神の領域を侵犯する行為であると考えるのである。

5. 解釈の多様性と疑わしいものへの態度

　イスラーム法はクルアーンとハディースにもとづくものであって、世界共通である。しかし、第 4 章で詳しく述べるように、実際のムスリムの解釈や行動に大きな揺れ幅がある。なぜそのようなことが起こるのだろうか。

　ハラールとハラームの間には、どうしても微妙な物事、ハラールなのかハラームなのかはっきりわからない疑わしい物事「シュブハ」が生じる。疑わしきは避けるべきとされている。この考え方を延長していくと、少しでも怪しいものはすべて避けるという態度につながる。たとえば、ほんの少しでも豚の成分が入っている可能性のあるものは注意深く避ける、ということになる。

　一方で、クルアーンには、禁じていないものはハラールであるという啓示もある。23 頁に戻って、食の禁忌についての啓示を読み返してみてほしい。牝牛の章 168

6　井筒俊彦 訳『コーラン（上）』岩波文庫、207 頁、胸壁の章 30[32] 〜 31[33] に該当する。この部分は遠藤訳のほうがわかりやすいため、遠藤訳を引用した。

[173] では「アッラーが汝らに禁じ給うた食物といえば、（中略）のみ」となっているし、家畜の章146 [147] では「これらを除いては何を食べても禁忌ということにはなっていない。」とはっきり述べられている。こちらの考え方を延長していくと、ハラームとして明示的に述べられていないものはすべて許されていると解釈することができる。極端な話、拡大解釈を推し進めていくと、「豚肉」は確かに禁じられているが、豚のスープやエキス、豚の骨や皮や脂肪を加工してつくったゼラチンや添加物などは、肉ではないのだから、チェックしなくてもよいと考えることも可能なのである。

　理解しておいていただきたいのは、条件を厳しく解釈し、疑わしきをすべて避けるという態度と、宗教的な敬虔さや熱意というものは、必ずしも比例するわけではないということである。敬虔で信心深く、周囲のムスリムから多大な尊敬を受けている神学の専門家が、食事に関しては非常に柔軟で、調味料などの細かいことを気にせずに、豚以外の食べ物なら何でも食べるということも、ままあることである。

　イスラームには神と信者の間をとりもつ聖職者に当たるものは原則としてない。実際にはそれに近い仕事をする人はいるが、イスラームの原則からすると、ムスリムは一人一人が直接に神と対峙する存在である。だから、信徒の一人一人が、神の言葉に従い、預言者の言動にならって、自分のやることや消費する飲食物がハラールかどうかを自ら判断すればよいのである。

　ただし、自分で判断するには知識が足りないと感じるときには、自分よりも知識のある人にたずねてもよい。現代社会には、預言者の時代にはなかった物事が満ちあふれている。こういった新しい物事がハラールであるかどうか、一般の信徒にとって自ら判断することは困難である。そのようなときは、身近なイスラームの指導者にたずねたり、クルアーンの先生にたずねたりすることもある。もし知識のある人たちでも意見がわかれてどうにも答えが出ないときには、さらに高位のイスラーム法学者やイスラーム知識人の団体などにたずねてもよい。すると、クルアーンやハディース、過去の判例やムスリムの間の一般的な合意、そこからの類推などにもとづいて検討し、ファトワーと呼ばれる回答を出してくれる。ただし、同じ物事に対する見解でも、宗派や法学派によって結論が異なることもある。また、同じ宗派の同じ法学派に属する専門家どうしの間でも、人によって意見が異なる場合ももちろんありうる。

　ちなみに、ファトワーを出す権限をもつ高位のイスラーム法学者をムフティと呼ぶ。

インドネシアでは、ムフティではなくインドネシア・ウラマー評議会が、ファトワー委員会というものを組織してファトワーを出している。

③ ハラールとハラームの原則

さて、ここで、ハラールとハラームの区別の原則をごく簡単にまとめてみる。

忘れがちだが非常に重要な原則として、「神が禁じたもの以外は、すべてハラールである」という原則がある。慈悲深き神は、ごく一部のものだけを禁じ、それ以外のものはすべてハラールとしているのである。そして、当然ながら、預言者ムハンマドの時代には、ハラール認証などというものはなかった。認証がなくても、ハラールな飲食物は世界に満ちあふれている。

1. 禁じられているもの

では、何が禁じられているのか。

まず、本章の2節で述べたように、「豚の肉」「血」「死肉」「異神にささげられたもの」は何度もくり返し明示的に禁じられている。

それから、毒のあるものや中毒性のあるものなど、体に害をなすような悪いものは禁じられている。また酩酊をもたらす効果のあるものも、ハムルと呼ばれて、禁じられている。アルコール飲料や麻薬のようなものである。それ以外にも、クルアーンの啓示にはないが、ハディースのなかで預言者が食べることを禁じたと伝えられるものとして、飼い慣らされたロバ、牙のある獰猛な肉食動物、鉤爪のある獰猛な鳥（猛禽類）がある。しかしこれはハラーム（禁忌）ではなくマクルーフ（忌避）であると考える人もいる。また、ハディースのなかでムスリムが殺すことを禁じられた動物としてカエルやハチが出てくる。宗派や法学派によっても意見は異なるが、殺してはいけないとされた動物は、食べてもいけないと考えるのが多数派のようである。とはいえ、ハチミツはハラールである。

2. 動物の屠畜

　陸の動物の場合は、イスラーム法に則って屠畜しなければならない。アル・カラダーウィーによれば、それはムスリムが神の名を唱えてから、鋭利なもので動物の喉を切るか喉のくぼみを突くことで、出血させて殺すという方法である。ナイフがなければ木でも石でもよい。もっともよいのは食道・気管・2本の頸動脈をすべて切ることである[7]。この屠畜方法をザビーハ、あるいは単にハラール屠畜と呼び、ハラールな種類の動物をハラール屠畜した肉を一般にハラール肉[8]と呼ぶ。肉だけではなく、脂肪・内臓・脳・皮・足などどの部分も食べることができる。陸の動物には、四足動物だけではなく、鳥も含まれる。なお、現代のハラール屠畜には気絶処理（スタニング）の問題がある。屠畜肉をめぐる諸問題については、第2章の1節および第3章の3節で改めて詳しく扱う。

　また、預言者ムハンマドは、異教徒からもらった肉を食べてもよいかどうか信徒にたずねられた際、啓典の民（ユダヤ教徒やキリスト教徒）からもらった肉は、神の名を唱えてから食べてもよいと答えたとされている。同じひとつの神からの啓示に従う人々は、多神教に従う異教の民とは異なる扱いをするのである。そこで、日本に住んでいるムスリムのなかには、ハラール屠畜していない一般的な日本の国産肉は食べないが、キリスト教国からの輸入肉ならば食べるという人もいる。

7　なお、何度も切りつけて動物を苦しませたり、首を切り落としてしまったりしてはいけない。また、細かくは、頭をどちらへ向けるべきか、刃物をどちらからどちらへ向かって動かすべきかなど、さまざまな意見がある。しかし、アル・カラダーウィーは、本文で引用した以外の決まりの典拠となるテキストを、クルアーンやハディースに見つけることができなかったと述べて、あまりに細かく方法を規定しようとする法学者を批判している。また、けがをした動物を死ぬ前に屠畜することや、狩猟の際に使ってもよい道具、殺し方、狩猟犬や鷹狩の作法なども定められているが、ここでは割愛する。詳しくはアル・カラダーウィーを参照されたい。

8　ユダヤ教でもイスラームとよく似た屠畜方法をとる。そのため、ユダヤ式に屠畜したコーシャー肉（コシェル肉）が入手しやすい環境では、ハラール肉の代わりにコーシャー肉を使うムスリムもいる。ただし、コーシャー肉の場合は、下半身の神経を抜かなければならないなど、食べられる部分にさまざまな制限がある。また、肉に残った血を抜くために水につけたり塩でもんだりするため、コーシャー肉は水っぽく食味が劣るといわれている。一方、ハラール肉の場合は、屠畜の際に流れ出た血はハラームであるが、それ以上の血抜きをする必要はない。

5 食卓の章6 [4] -7 [5]（井筒俊彦 訳『コーラン（上）』岩波文庫、145頁）

許されている（食物）は何と何かと訊ねて来たら、答えるがよい。「お前たちに許されているのは、全てまともな食物。次に、お前たちアッラーが教え給うた通りに自分で訓練して馴らした動物（犬や鷹などを指す）がお前たちのために捉えて来る動物は食べてよろしい。必ずアッラーの御名を唱えてから食べるように。アッラーを懼れまつれ。まことにアッラーは勘定がお早くまします ぞ。」と。

今日、まともな食物は全部汝らに許された。また聖典を戴いた人たち（ユダヤ教徒とキリスト教徒）の食物は、汝らにも許されており、汝らの食物も彼らに許されておる。

また（嫁取りについても同様で）、回教信者の操正しい女も、汝らが（『コーラン』の啓示を受ける）以前に聖典を戴いた人たち（ユダヤ人とキリスト教徒）の中の操正しい女も（全く同資格で汝らの妻にしてよろしい）。（後略）

3. 水の世界のものとイナゴ

海で獲れるもの（水の世界の動物）とイナゴの仲間は、死肉の例外となっている。つまり、屠畜方法に関する規定から除外されており、多神教や仏教に従う異教徒が獲って殺したものでも、水揚げされた結果自然に死んでしまったものでも食べることができるのである。

5 食卓の章97（井筒俊彦 訳『コーラン（上）』岩波文庫、145頁）
海で獲れるものを食うことは差支えない。これは汝ら及び旅する人たちのために備えた食料である。（後略）

魚介類とイナゴは死んだ動物から除外される
イスラームのシャリーアでは魚類、鯨その他海の生物については死んだ動物の範疇から除外されている。（中略）イナゴも死んだ動物の範疇から除外された。屠畜についての問題が起こらないので、預言者（彼に神の祝福と平安あれ）は死んだイナゴを食べることを許可した。（遠藤利夫 訳，アル・カラダーウィー 著『イスラームにおける合法（ハラール）と非合法（ハラーム）』抄訳I、拓殖大学イスラーム研究センター刊『シャリーア研究』vol.2：171頁）。

◆表1.2　飲食のハラール規定の概要

合法な（ハラール）飲食物	非合法な（ハラーム）飲食物
■ 神が禁じたもの以外は、すべてハラール。 ■ 植物性のもの、卵、ミルク、ハチミツなどは、毒や酩酊性などの害がなく、穢れに汚染されていないかぎりすべてハラール。 動物性のもの（殺して食べるもの） ■ 陸の生き物（四足動物や鳥）：ムスリムが正しく屠畜したもの。 ■ シーフード、イナゴ：屠畜の方法の規定はない。	■ 豚肉 ■ 流れる血 ■ 死肉（正しく屠畜していない動物の肉。首を絞めたり殴ったりして殺した、高所から落ちて死んだ、角つきあって死んだ、生きたまま切りとった肉など） ■ 異神に捧げられたり、屠畜の際に神以外の名が唱えられた動物。 ■ 毒、中毒性のあるもの。害虫・害獣など体に悪いと考えられるもの ■ 牙のある獰猛な動物。鉤爪のある鳥。飼い慣らされたロバ。 ■ 酒（酩酊性のあるもの）

　ただし、許されている水生動物の種類については、宗派・法学派によって解釈がだいぶ異なり、鱗のある魚のみをハラールとする場合もあれば、鱗のない魚・イカ・タコ・エビ・貝・クジラなどもハラールとする場合もある。これについては第3章の2節であらためて解説する。

　もうひとつ、一般に、東南アジアのムスリムは、海水だけではなく淡水も含めて水の世界に生きるものはすべてハラールとするが、両生類やワニなど水陸2つの世界にまたがって生きるものはハラームとしている。というのも、陸の世界の生き物と水の世界の生き物については明確な規定があるのに対して、陸と水の間を自由に行き来するものについては、クルアーンにもハディースにも明確な言及がないからである。

4.「禁忌がある＝不自由」ではない

　いろいろな禁止事項を読むと、なんだか厳しく面倒くさい感じがするかもしれない。自由に食べられないのはかわいそうなどと考える人もいるだろう。

　しかし現代日本に住む私たちも、あまり意識していなくても、さまざまな文化的な

規定を守って暮らしている。たとえば私たちはカラスや犬、猫、ミミズ、セミを食べない。魚介類の鮮度にはうるさくて、漁獲後すぐに冷蔵や冷凍をしたり、干物などの加工をしたりしたものでなければ、鮮度が落ちていてとても食べられたものではないと感じる。では、このようなものが食べられない私たちは不自由でかわいそうだろうか。そのようなことはないだろう。カラスや犬、猫、ミミズ、セミ、鮮度の落ちた魚を食べなくても、おいしいまともな食べ物はたくさんあるし、不自由を感じることはない。

　ムスリムとして生まれムスリムとして育った人々にとっては、豚肉や血を食べないこと、ハラールな処理をした肉を食べることはごく当たり前のことであって、不自由でもかわいそうでもない。彼らにとって普通のまともな食べ物は、ハラールな食べ物であるというだけのことである。ムスリムが圧倒的多数派の地域で暮らしていれば、普段はハラール・ハラームを意識することさえないかもしれない。禁じられているものがあるからといって、特別な制限食のような味気のないものを食べているわけでもなく、ムスリムにはムスリムの豊かな食の世界があるのだ。

　　5　食卓の章6［4］（井筒俊彦 訳『コーラン（上）』岩波文庫、145頁）
　　許されている（食物）は何と何かと訊ねて来たら、答えるがよい、「お前たちに許されているのは、全てまともな食物。（後略）

　ハラールの世界は広い。くり返すが、禁じられたもの以外はハラールである。認証などとらなくても、ムスリムが安心して食べられるものはたくさんある。念のために挙げておくと、穀類も野菜も果物も卵もミルクもハラールである。海苔も昆布もわかめも魚も、原則としてハラールである。ことに米と野菜と魚介類を中心にした伝統的な日本食は、本来、ハラール食とは親和性が高いものであるといえる。

不浄と浄め

ここでもうひとつ、理解しておかなければならない大事な概念がある。不浄（ナジス、ナジャーサ）である。不浄とは、宗教的な穢れを意味する。

1. 不浄のレベルと浄め

マレーシアやインドネシアのハラール認証規格によれば、イスラームでは、軽度の不浄、中度の不浄、重度の不浄という３つの穢れのレベルがあるとされる。

軽度の不浄に分類されるものは、母乳しか飲んだことのない２歳以下の男の乳児の尿のみである。

豚と犬は重度の不浄になるが、それ以外のハラームなものは中度の不浄に分類される。乳以外の分泌物や汚物なども中度の不浄である。中度の不浄は、きれいに洗ったり、きれいな砂でこすったりして、その色・におい・味などが消えれば浄化される。通常の衛生観念に従って洗い浄めれば浄化されるので、問題になることはあまりない。

問題になるのは重度の不浄である。重度の不浄に分類されるのは、犬と豚、その派生物、それらに触れたものすべてである[9]。重度の不浄に触れたものは、すべて重度の不浄に汚染され、そのままにしておくと次から次へと汚染の再生産を起こしてしまう。犬と豚そのものの穢れはどんなに洗い浄めてもとり除くことができないが、それらに触れたものの穢れは、７回の浄化を行うことで断ち切ることができる。これを宗教的洗浄と呼ぶ。

７回の浄化の方法には諸説あるが、インドネシアの一般ムスリムに聞くと、たいてい、犬や豚肉に触れたら７回土か砂でこすればよいと答えが返ってくる。現在の東南アジアのハラール認証では一般に、水で７回洗浄し、そのうちの１回は浄い土の成分を混ぜた水で浄化することになっている。インドネシアの認証規格では、土を洗剤に代えることも認められている。

9　ただし、豚は全身が重度の不浄であるが、犬の場合は鼻面や口のしめった部分、または唾液だけとする向きもある。一方、犬は重度の不浄であるが、豚を重度の不浄とする論拠はクルアーンやハディースにはないという意見もある。

2. 不浄に対する感覚

この重度の不浄と宗教的洗浄には、納得のいかない日本人が多いだろう。私たちが
おいしく食べている豚と、かわいがって家のなかで飼う人もいる犬が、なぜこのよう
な理不尽な扱いを受けなければならないのだろうか。豚料理に使った食器や調理器具
も、衛生的に洗えばそれでよいのではないかと感じる人もいるだろう。

豚に関するムスリムのこの気持ちを理解するためには、ゴキブリのことを考えてみ
るとよい。みなさんは、愛用の茶碗にゴキブリがのっているのを見たら、その後、冷
静にその茶碗を使えるだろうか。普通に1回洗剤で洗えば使えるという人もいるかも
しれないが、多くの人は納得がいかないのではないだろうか。3回も4回も洗ったり、
煮沸消毒をしたり、はたまた愛用の茶碗でも捨ててしまったりするかもしれない。し
かしゴキブリはほかの動物と変わらない自然の生き物である。その足についている菌
は特殊な菌でもなく、科学的にみて、特別に厳格な処理が必要なものというわけでも
ない。そういった感覚は、実は、私たちの文化にもとづく認識がもたらすものなのだ。

もちろん、イスラームにおける豚の禁忌は信仰と直結するもので、不潔に対する感
覚よりもはるかに高次のレベルのものである。しかし、ムスリムが多数派である土地
で生まれながらにムスリムとして暮らしてきた人々が豚肉に対して感じる気持ちは、
私たちがゴキブリに対して感じる気持ちと相通じるものがある。そこでは豚肉は食卓
にのぼったこともなく、台所に持ち込まれることもない。豚は食べ物ではなく、口に
入れることを想像したくもないようなものであり、それに触れた道具で料理をしたり
食事をしたりすることも耐えがたいものなのだ。そう思えば、ムスリムの人々の気持
ちが想像しやすくなり、対処もしやすくなるのではないだろうか。

そうはいっても、豚肉食はすでに日本の食文化に深く根づいていて、そこまで厳密
に豚からの汚染を避けることは、実際問題なかなか難しい。また実をいえば、そこま
での対応を求めないムスリムも少なからず存在する。

ここで比喩を代えて、ゴキブリではなくカミキリムシの幼虫で考えてみよう。ここ
に1枚の写真がある。これはイスラームの食とは関係がない、パプアニューギニアで
撮影された料理「カミキリムシの幼虫とキャベツの煮込み」(写真1.3)である。カ
ミキリムシの幼虫は、世界各地で食べられている。この写真を提供してくれた筆者の
友人は日本人であるが、2年間調査のためにニューギニア高地に住み込んでいた。こ

写真 1.3　カミキリムシの幼虫
（写真提供：行木　敬 氏）

の写真の料理は送別会のときのごちそうだったらしい。丸々と太った白い芋虫は、栄養価も高く、とてもおいしいものだという。

みなさんはこれを食べてみたいと思うだろうか。もし日本で、行きつけの食堂の厨房でこの料理がつくられていたとしたらどうだろう。これに使った調理器具や食器を客用に使わないでほしい、できれば厨房に虫を持ち込むこと自体やめてほしいと思う人が多数派ではないだろうか。

しかし一方で、このような食べ物が常食になっている国を訪問したとしよう。現地の習慣を尊重する気持ちもあり、また現実問題として選り好みをする状況でもないということもあって、調理器具や厨房は不問として、とにかく虫以外の料理を出してくれればよいと考える人も多いのではないだろうか。そのほか、テーブルに虫料理が出ていてもいいから自分は虫以外の料理を食べる、虫とキャベツの煮込みからキャベツだけをつまんで食べる、キャベツとスープをいただいて虫は遠慮する、虫を食べてみたら、虫が好きになってどんどん食べるなど、さまざまな可能性があるだろう。

日本のような非ムスリム地域にやってきたムスリムも同様で、豚に使った調理器具や食器・食具に対して、必ずしも皆が皆、厳しい汚染防止や宗教的洗浄を求めているとは限らないのである。

第 2 章

ハラールビジネスと
ハラール認証

本章では世界的なハラール・ビジネスやハラール認証制度を概観する。第1節では肉の貿易にともなって発展した屠畜証明について述べる。第2節では加工食品のハラール認証制度が誕生した経緯、世界各地のハラール認証規格、ハラール認証団体の相互認定制度の発展をみる。第3節では改めて、ハラールなものとハラール認証取得品の関係を確認する。第4節と第5節では日本の食品産業やインバウンドビジネスにおける各種の認証について述べる。

① ハラール肉と屠畜証明

ハラール／ハラームの区別はイスラーム発祥とともにあるが、ハラールビジネスやハラール証明・ハラール認証の歴史はそれほど古くはない。

1. 非イスラーム圏からのハラール肉輸出

国際的なハラールビジネスは、肉および肉製品の輸出入からはじまった。肉・肉製品をイスラーム諸国に販売したければ、屠畜方法がどうしても問題になる。つまり、それらの肉がイスラーム法に則って正しく屠畜を行った肉であるという「ハラール屠畜証明」が要求されるのである（図2.2（41頁））。

オーストラリア・ニュージーランド・ブラジルなどの畜産が盛んな国々は、中東をはじめとするイスラーム諸国に牛肉・羊肉・鶏肉などを大量に輸出してきた。それらの国では、人口からみればムスリムは少数派である。しかし、多くの屠畜場がハラール屠畜に対応し、大量のハラール肉を効率的に生産する技術を発展させてきた。

たとえば牧畜大国であるニュージーランドを例にとって見てみよう。ニュージーランド・イスラーム組織連盟（FIANZ）の代表アンワル・ウル・ガニ氏の講演によれば、1970年代初頭に英国への食肉輸出が制限され、他国への販路を開拓した結果、1970年代半ばからイランへ冷凍肉が輸出されるようになった。1980年代中頃には対イラン輸出は急減したが、その他の湾岸諸国や、マレーシア・インドネシアへの輸出が少しずつ増え、ハラール肉ビジネスは安定した産業となっている（図2.1）。

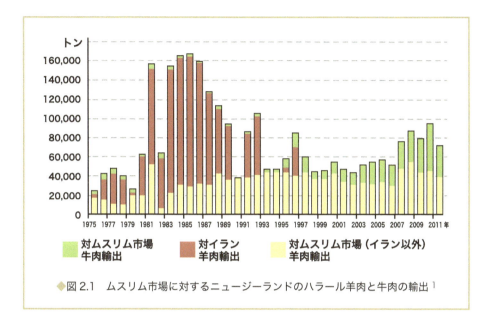

◆図 2.1　ムスリム市場に対するニュージーランドのハラール羊肉と牛肉の輸出 [1]

2. スタニング（気絶処理）をめぐって

　ところで、先進諸国では通常、屠畜の際にスタニング（気絶処理）を行う。気絶処理に使う装置はいろいろあるが、大型動物の場合、通常ボルトガンを使う。ボルトガンは弾の代わりに棒が飛び出てくる銃のようなもので、額に衝撃を与え、動物を気絶させる。このほか、電気ショックも使われる。水のなかに軽く電気を流しておき、鶏をコンベヤーに足から逆さに吊るして、流れ作業で頭の部分を水に浸けて気絶させるのである。このように気絶処理をすれば動物が暴れる心配もなく、効率的に屠畜ができ、屠畜人にとっても安全で、動物に与えるストレスも最小限ですむと考えられている。

　しかし、イスラームの視点からいうと、気絶処理の際に動物が死んでしまうと、それは死肉となってしまう。とくにボルトガンで動物を死なせると、『クルアーン』食

---

[1]　第 3 回 食のハラール性に関する国際シンポジウム Ghani 氏講演資料。A Cohesive Approach to Robust Halal System of Meat Export : New Zealand Way of Creating Efficiencies in Halal Production of Meat より引用。元データは Mustafa Farouk 2013, *Advances in the industrial production of halal and kosher red meat, Meat Science* 95：814.

卓の章4［3］で明示的に禁じられている「打ち殺された動物」ということになる。万が一にも動物が死んでしまう可能性を考えると、気絶処理をしないで屠畜をした肉を食べたいと考えるムスリムもいる。また、気絶処理をしていないものだけをハラール肉とする国や地域もある。フランスなどでは、スタニングをしないイスラームやユダヤ教の宗教的屠畜は、動物の福祉に反するとして軋轢が生じている。これに対して、ムスリム研究者のなかには、実験結果から、打額によるスタニングを受けるよりも、スタニングなしのハラール屠畜で、急激な失血によって意識を失うほうが、動物はストレスを感じないと主張する研究者もいる。そのため、ハラール屠畜とはスタニングなしに屠畜をすることであるというイメージを抱く人もいるかもしれない。

　しかしながらスタニング装置もムスリムの需要に合わせて発達していて、絶命させることなく気絶させる技術が完成している。よって、オーストラリア・ニュージーランド・ブラジルのような畜肉輸出大国はもちろん、インドネシアやマレーシアでも、致命的ではないことが確認された装置を使ったスタニングは、ハラール認証規格でも認められている。

❷ ハラール認証制度

　技術が発達するにつれて、精肉以外にも、一般消費者ではハラール／ハラームの判断が難しい製品が増えてきた。こういった製品を専門家がチェックし、ハラールなものにお墨付きを出すことで、ムスリム消費者の便宜を図っている。

1. ハラール認証制度の誕生

　第1章ですでに述べたとおり、植物性の食材や魚介類・卵・ミルクなどはそもそもハラールであるから、肉と違って、とくにハラールであるという証明をする必要はもともとない。ムスリムが圧倒的な多数派である社会では、肉も当たり前にハラール処理されたものが出回っているので、普通に手に入る食材はすべてハラールなのである。加工食品でも、ムスリムがハラール食材で伝統的な調理技術を使って加工し調理したものであれば、ハラールになるのが当たり前である。

ハラール
合法

ハラール
屠畜証明

シュブハ
疑わしい

◆図 2.2　肉を中心とした
　　　　ハラール証明

ハラール認証

ハラール
合法

シュブハ
疑わしい

◆図 2.3　「疑わしいもの」が
　　　　広がってきた時代のハラール認証

　しかし、近代的な食品加工の技術が発達し、一般消費者には由来のわかりにくい多様な添加物が使われるようになり、食品の流通範囲が広がるにつれて、ハラール／ハラームの区別の問題はそう簡単ではなくなってしまった。このような食品のハラール性を担保するために生まれたのが、ハラール認証制度である（図 2.3）。

　1988 年インドネシアでは、乳製品から豚由来成分が検出される事件が起こった。これに対応してムスリム消費者の安心を確保するため、政府の要請を受けて、翌 1989 年にインドネシア・ウラマー評議会（MUI）が「ハラール認証」をはじめた。

　ムハンマドの時代になかったような新しい物事のハラール／ハラームの別は、もちろんクルアーンにもハディースにも記されていない。そのような場合、インドネシアでは、この MUI がファトワー委員会というものを招集し、類推や過去の判例、さらには化学や生物学などに通じた科学者の専門的意見にもとづいて討議し、それらの物事に対する宗教的見解ファトワーを出すのである。

　しかし、高度な加工食品のハラール性を確認するためには、宗教的な知識だけではなく、食品製造に関する専門知識や豚由来成分やアルコールを検査する技術も必要である。また、初期のイスラームが発展した地域になかった動植物について判断するには、生物学的知識も欠かすことができない。そのためインドネシア・ウラマー評議会は、ボゴール農業大学の協力を得て、食品・化粧品・医薬品検査機関（LPPOM）を開設した。マレーシア・プトラ大学（UPM）やタイのチュラロンコン大学など、現代的な科学技術を駆使した研究機関が、今やハラール認証には欠かせないものになっている。

2. ハラーラン・タイイバン

　現在では、世界各国の認証機関によって、さまざまなガイドラインや明文化された認証規格がつくられている。それぞれにちがいはあるが、飲食品に関する近年の認証の傾向を見てみよう。

　まず、ハラールビジネス界の重要なキーワードとして「ハラーラン・タイイバン（Halalan-toyyiban）」（日本語ではハララン・タイバン、ハララン・トイバンなどと表記されることもある）という言葉がある。これが意味するのは、ハラールであり、かつ、安全・安心なよいものということである。イスラームにおいて、神は、ハラールつまり宗教的に許されているというだけではなく、タイイブつまり体によく健康的で安全なものを食べるように人に命じている。そこで、単に宗教的にハラールであるだけではなく、非ムスリムの消費者にとっても安全・安心な製品をつくることで、世界中にハラール製品を売り出そうというという論理が成り立つ。これを象徴するキーワードが「ハラーラン・タイイバン」である。

　そこでハラール認証制度においては、HACCP のような管理手順を採用して、衛生的で安全に飲食物を生産するとともに、その管理体制のなかでハラール性をも確保することで、タイイブでありかつハラールな製品をつくろうとしている。具体的にいうと、食材の調達・保管、加工、調理、包装、製品の保管、輸送、販売という一連の流れのなかで、混入や汚染を招きやすいポイント（必須管理点）を明らかにし、そこでどのような対策をとるのかをあらかじめ定めておくことで、衛生とハラール性を担保するのである。認証は、とり締まりのためというよりも、企業がハラール性を確保するための生産や流通の体制づくりの規格という方向へと進化しつつあるといえる。

3. 認証規格の概要

　表2.1（46頁）は、海外のハラール認証機関や関連団体による明文化された規格やガイドラインのうち、代表的なもののリストである。湾岸規格や OIC-SMIIC 規格のように国家の枠組みを超えた規格もあるが、国家規格として定められたものや、国家とは関係なく NPO としての認証機関が独自につくっているものもある。主に英語で入手可能なものを挙げたが、インドネシアについてはインドネシア語のみで発表されているものも入っている。タイトルだけを見ても規格の多様性がうかがえる。

しかし、詳細においてはいろいろとちがいがあるものの、有力な認証団体が採用している諸規格はどれも、豚などハラームな動物由来のものは徹底的に排除し、飲食物へのアルコール飲料の添加はいっさい認めていない。

非イスラーム諸国では、豚はとても有用な動物で、肉のみならずゼラチンやラード・ショートニング・エキス・乳化剤・発酵改良剤・L−システインなどさまざまなかたちで利用されている。そのため、食パン・クッキー・チーズのような、一見何の問題もなさそうな食べ物にも添加物として豚由来成分が含まれている可能性がある。ハラールな動物由来の成分であったとしても、屠畜の過程が問題になる。また、人体由来のプラセンタや毛髪由来の L−システインなども、口に入れるものに使うことは認められない。

東南アジア諸国の規格では、合成エタノールを器材や人体の殺菌に用いることや、フレーバーの抽出の際の溶剤として用いることは認められることがある。ただし、いずれの場合もアルコール飲料由来のアルコールは認められない。アルコール飲料としてつくられたものを微量でも加えてしまった飲食物は、たとえ最終的にアルコールをまったく含まなくても、ハラール認証を取得することはできない。日本では、安価な味噌や醤油は、腐敗を防ぐためにしばしばアルコール飲料由来の酒精を添加してある。そのような醤油を一滴でも使ってしまうと、もう認証取得はできないのである。

これだけでも気が遠くなりそうだが、さらに、マレーシアやインドネシアのハラール認証を取得しようと思うと、原材料だけではなく、精製の際の活性炭などの助剤・清掃用のブラシの材料・イオン交換膜・包装資材・機械の潤滑油・倉庫・運搬用の器材・トラックに至るまで、あらゆるものについて穢れの有無をチェックし、食材や製品の輸送や保管にかかわる汚染の危険も防がなければならない。認められた認証機関からハラール認証取得ずみの材料を使い、ハラール専用の施設や器材を用意できれば問題ないが、そういったインフラの整っていない非ムスリム国で、ハラール性の確認を一からしなければならないとなると、取引先企業にもひとかたならぬ負担をかけることになる。日本の企業が東南アジア諸国の規準に照らし合わせてハラール認証を取得することの難しさはここにある。

4. 認証機関の相互認定制度

ハラール認証機関は玉石混交である。制度的な枠組みからみても、国家的機関、宗

教機関、NPO、営利企業などがあるし、認証にかかわる知識や技術という点でも、イスラーム法の専門家がいるかどうか、製造業に関する知識や監査技術をもつ専門家がいるかどうか、申請の受付や認証状の発効、認証発効後の管理や情報の提供などといった体制が整っているかどうかなど機関によって大きなちがいがある。また認証規格のちがいや制度的なちがいもあって、ひとつの認証機関でハラール認証を取得しても、ほかの機関がそれをハラールと判断するとは限らない。そのため、国際的に、十分な専門的知識と監査技術をもった実力のある認証機関どうしで、相互に認定しあう制度が発達してきた。しかし、相互認定といっても、実質的には、日本をはじめ、東アジアやヨーロッパなど非イスラーム地域の認証機関は、厳格な規格を掲げたマレーシアやインドネシアの先進的な認証機関から認定を受けることによって権威づけられているという現状がある。

グローバル・ハラール・ハブ政策を掲げるマレーシアは、国をあげてハラール産業の振興をめざしている。加工食品のハラール性を確保するため、2004 年に初めて明文化したハラール食品の生産や管理に関する規格 MS1500 を制定した。ハラールに関する MS シリーズの対象は食品にとどまらず、化粧品、パーソナルケア、倉庫、輸送、医薬品と多岐にわたる。マレーシアは、世界に先駆けてハラール認証を政府組織が管理することをはじめた国でもある。これによって非イスラーム圏企業のハラール食品産業参入の障壁を低くし、さらにハラール専用の工業団地（ハラール・パーク）を全国各地に設置し、税金の優遇措置などで海外企業の誘致を進めている。

インドネシアの認証機関 MUI が 2012 年以降次々に発表しているハラール認証規格 HAS23000 シリーズでは、食材のポジティブリスト（ハラール品を生産するために使えるもののリスト）が充実していて、生産においてハラール性を確保するためのハラール保障体制づくりへの具体的な方策がマニュアル作成ガイドラインというかたちで示されている。MUI はまた、世界各地のハラール認証機関の集まりである「世界ハラールフード評議会（WHFC）」のリーダー的な役割を果たしている[2]。

---

[2] 世界ハラールフード評議会（WHFC）のほかに世界ハラール評議会（WHC）という団体もある。そもそもひとつの団体だったものが、分裂や名称変更を重ねて今に至る。また、インドネシアでは 2014 年に新しい法律が制定され、国内で流通するすべての製品について、ハラールかハラームかの別を明示し、ハラールであることを訴求する場合はハラール認証取得を義務づけることになった。2019 年の発効に向けて、新しく国家規格（SNI）も作成され、宗教省のもとにつくられた「ハラール製品保証実施機関（BPJPH）」が MUI と協力してハラール認証を行うことになっている。

このような状況のなかで、各国の認証機関は、互いの認証規格を参考にしつつも、それぞれの国の事情や見識のある専門家の意見をすり合わせて、独自の規格を定めている。相互認定を受けたからといって、相手国の規格をそのまま採用する必要はない。ただし、これまでのところ、日本の認証機関で明文化された独自の規格を公表している機関はないし、輸出にかかわる認証を行う場合は、影響力の強いマレーシアやインドネシアの規格をある程度は参照せざるをえないだろう。あまりにかけ離れた規準で認証状を発行すれば、相互認定を取り消されてしまうおそれもあるからである。

5. 世界統一規格の実現性

　では、厳格な規格をもつ認証団体からハラール認証を取得すれば、世界中のイスラーム諸国にハラールマークをつけて商品を輸出することができるのだろうか。そして、世界中のムスリム消費者が納得してその商品を購入してくれるのだろうか。答えは「ノー」である。世界中に通用するハラール認証は、今のところない。どこかひとつの認証機関から認証を取得したからといって、世界中でハラール商品と認められるわけでない。貿易障壁を低くするために統一規格の必要性が叫ばれて久しい。しかし、複数の国際組織によってさまざまな試みがなされているにもかかわらず、結局いまだに実現していない。鱗のある魚以外の水産物、屠畜前の気絶処理や機械屠畜、遺伝子組み換え作物、自然発酵によるアルコールの含有量、合成アルコール、許される添加物の種類、製造工程をどこまで川上にさかのぼるのか、輸送や保管でどこまでノンハラール品との分離を徹底するのか。地域の事情や法学派間の意見の相違もあり、それぞれの国や機関にそれぞれ譲れないところがある。また国や団体間の主導権争いもあって、当分の間、統一規格の実現はありえないといってよいだろう。

　そのなかで、前項で述べた相互認定制度は、東南アジアを中心に発展し、世界の他地域の認証団体を巻き込んできた制度といえる。ただし、たとえ輸出先国の認証団体から認定された国内の認証機関から認証を取得しても、すぐにハラール製品として輸出できるとは限らない。

　一方、イスラームの生まれた地である中東では、認証団体の認定をすこし違ったかたちで行っている。アラブ首長国連邦の「UAE S.」、湾岸協力会議の共通規格である「湾岸規格（GSO）」、イスラーム協力機構の OIC-SMIIC 規格は、いずれも食品そのものについての規格またはガイドラインのほかに、ハラール認証機関の規格・ガイドライ

◆表2.1　海外のハラール認証機関・関連団体が公表している明文化された認証規格およびガイドライン

【マレーシア】マレーシア国家規格 MS（Malaysian Standard）シリーズ

ナンバー	発表年	タイトル
MS 1500:2009	2009	ハラールフード—生産、準備、取り扱い、貯蔵—一般的ガイドライン（二訂版）
MS 1900:2014	2014	シャリーアに基づく品質管理システム　—要件とガイダンス（初訂版）
MS 2200:Part 1:2008	2008	イスラーム的消費財—第一部：化粧品とパーソナルケア—一般的ガイドライン
MS 2200:Part 2:2013	2013	イスラーム的消費財—第二部：動物の骨・皮・毛の使用—一般的ガイドライン
MS 2300:2009	2009	価値に基づく管理システム—イスラーム的観点からの要件
MS 2393:2013	2013	イスラームとハラールの原理　用語の定義と解釈
MS 2400-1:2013	2013	ハラーン・タイイバン保障バイプライン　パート1：倉庫および関連する活動のための管理体制の要件
MS 2400-2:2013	2013	ハラーン・タイイバン保障バイプライン　パート2：品物の輸送および／または倉庫チェーンサービスのための管理体制の要件
MS 2400-3:2013	2013	ハラーン・タイイバン保障バイプライン　パート3：小売りのための管理体制の要件
MS 2424:2012	2012	ハラール医薬品　一般的ガイドライン
MS 2565:2014	2014	ハラール包装　一般的ガイドライン
MS 2594:2014	2014	飲料水の取り扱いにおけるハラールケミカルの使用　一般的ガイドライン

【インドネシア】MUI（インドネシア・ウラマー評議会）の HAS（Halal Assurance System）シリーズ

HAS 23000	2012	ハラール証明の要件
HAS 23103	2012	屠畜場における HAS(ハラール保障体制) 規格充足のガイドライン
HAS 23201	2012	ハラール食材の要件
HAS 23101	2013	加工業における HAS 規格充足のガイドライン（インドネシア語版のみ）
HAS 23301	2014	加工業における HAS マニュアル作成ガイドライン（インドネシア語版のみ）
HAS 23102	2015	レストランにおける HAS 規格充足のガイドライン（インドネシア語版のみ）
HAS 23104	2016	ケータリングにおける HAS 規格充足のガイドライン（インドネシア語版のみ）
HAS 23106	2016	運送サービスにおける HAS 規格充足のガイドライン（インドネシア語版のみ）
HAS 23202	2016	ハラール医薬品材料の要件（インドネシア語版のみ）

【インドネシア】インドネシア国家規格 SNI（Standar Nasional Indonesia）シリーズ

SNI 99001-2016	2016	ハラール管理システム（インドネシア語版のみ）
SNI 99002-2016	2016	家畜のハラール屠畜（インドネシア語版のみ）

【タイ】CICOT（タイ国イスラーム中央委員会）の THS（Thai Halal Standard）シリーズ

THS 1435-1-2557	2014	B. E. 2554 ハラール製品製造プロセス監査の要件
THS 1435-2-2557	2014	B. E. 2554 屠畜人と動物の解体のハラル証明の要件
THS 1435-3-2557	2014	ハラールマニュアル
THS 1435-4-2557	2014	製品と包装に関するハラール証明申請のガイドライン
THS 1435-5-2557	2014	B. E. 2554 の工場、製品に関するハラール証明の運用と料金について

【シンガポール】MUIS（シンガポールイスラーム教評議会）の SMHS(Singapore Muis Halal Standards)

MUIS-HC-S001		ハラールフードの取り扱い・加工の一般的ガイドライン（宗教的要素）
MUIS-HC-S002		ハラール品質管理（HalMQ）の開発発展と実施の一般的ガイドライン（技術的要素）

【アラブ首長国連邦】ESMA（首長国基準化計測庁）の UAE.S（アラブ首長国連邦規格）

UAE.S/GSO 713: 1997	1997	鳥肉加工の衛生的規則：食肉処理場とその職員
UAE.S/GSO 993: 1998	1998	イスラーム法に基づいた動物屠畜の要件
UAE.S/GSO 9: 2013	2013	容器包装食品のラベリング
UAE.S 2055-1: 2015	2015	ハラール食品パート1：一般的要件
UAE.S 2055-2: 2016	2016	ハラール製品パート2：ハラール認証機関の一般的要件
UAE.S 2055-3: 2016	2016	ハラール製品パート3：ハラール認証機関を認定する機関の一般的要件
UAE.S 2055-4: 2014	2014	ハラール製品パート4：化粧品

【湾岸協力会議（GCC）】GSO（湾岸標準化機構）通称 湾岸規格

GSO 2055-1: 2015	2015	ハラール食品パート1：一般的要件
GSO 2055-2: 2015	2015	ハラール製品パート2：ハラール認証機関の一般的要件
GSO 2055-3: 2015	2015	ハラール製品パート3：ハラール認証機関を認定する機関の一般的要件
GSO 2468: 2015	2015	ハラール食品：製品の輸送および／またはカーゴ・チェーン・サービスの管理システムの要件
GSO 2469: 2015	2015	ハラール食品：倉庫関連活動の管理システムの要件
GSO 2470: 2015	2015	ハラール製品：小売業の管理システムの要件

【イスラーム協力機構（OIC）】OIC/SMIIC 規格（イスラーム協力機構イスラーム諸国のための標準・計量機関）

OIC/SMIIC 1:2011	2011	ハラール食品の一般的ガイドライン
OIC/SMIIC 2:2011	2011	ハラール証明書を提供する機関のガイドライン
OIC/SMIIC 3:2011	2011	ハラール認証機関を認定する認定機関のガイドライン

ン、そしてその認証機関を認定するための認定機関の規格・ガイドラインを定めている。なかでも OIC-SMIIC は、2011 年に上記 3 つのガイドラインを定め、2014 年から 2015 年にかけて、世界各地のハラール関係のイベントでこれを周知するためのセッションを次々に開いた。その影響は少しずつ広がっているものの、いまだ世界的に一般的な枠組みになったとはいえない。

　16 億人とも 20 億人ともいわれる世界中のムスリムに消費してもらえるように、世界各国の認証規格を調べ、各項目でもっとも厳しいものを当てはめればよいと考える人もいるかもしれない。しかし、それには莫大なコストがかかり、イスラーム圏内のメーカーにとってでさえ負担は大きく、現実的ではない。

　そもそも、すべてのムスリムに通じる最小公倍数を求めて、あらゆる人にハラールと認められる食を提供しようとすることに何の意味があるのだろうか。世界のムスリム消費者は、基層的な文化も違えば、嗜好も異なり、味覚も食文化も習慣も価値観も経済レベルも異なる。これほど多様性に富んだ不特定多数の人々を、ムスリムであるというだけで十把一絡げにひとつのターゲットとしてしまうのには無理がある。

　タコやイカや貝を使った商品はマレーシアやインドネシアの規格ではハラール認証がとれるかもしれないが、水産物では鱗のある魚だけをハラールとする地域に売ることはできないだろう。植物性の食材と乳製品・卵のみを使ったものなら、どこでもハラールと判断してもらえるだろうが、味や形態、包装など、消費者に魅力を感じてもらえる商品でなければ売れはしない。日本で売れるものがマレーシアで売れるとは限らないし、マレーシアで売れるものが中東で売れるとも限らない。

③ ハラールはハラール認証より広い

1. ハラールと食品安全、ハラール認証とHACCP

　ハラール認証の問題は、食品安全の問題とよく似ている。私たちはみな安全だと思うものを食べている。しかしそのなかには安全ではないものが入り混じっている危険がある。この世界には、100％安全だ！といえるものなど存在しない。だからこそ、危険をできるだけ少なくし、安全に食を提供できるようにするために、食品事業者が

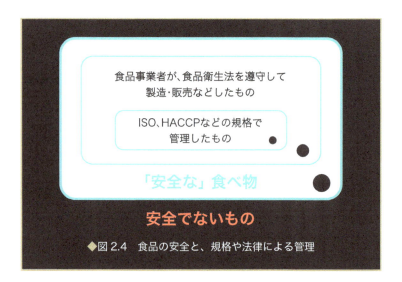

食品事業者が、食品衛生法を遵守して
製造・販売などしたもの

ISO、HACCPなどの規格で
管理したもの

「安全な」食べ物

安全でないもの

◆図2.4　食品の安全と、規格や法律による管理

遵守すべき『食品衛生法』が定められている。大きな企業の場合、さらに高いレベルで衛生や安全を管理するために ISO や HACCP を採用する。これらに定められた手順を守っていれば、より確実に安全な製品を生産できる。100％安全ということはできないが、危険を限りなく小さくできる（図2.4）。

ハラール　　　　シュブハ　　ハラーム

食品事業者が、法律を遵守して
製造・販売などしたもの

ハラール認証　　ISO、HACCPなどの規格に
準じて管理されたもの

安全でないもの ➡ Haram

◆図2.5　安全とハラール・ハラーム

しかし、一般の家庭料理や屋台料理などは、HACCPをとることはできないし、とる必要もない。逆にHACCPがあるからというだけの理由で商品を購入する人もいない。まずは商品の魅力があってこそ取引をしようということになり、大きな取引をするための条件としてHACCP取得の必要性が生じることがあるということだろう。

　ハラール認証とは、まさにHACCPのようなものなのだ（図2.5）。それはそもそもつくり手の見えない大量生産の品のハラール性を担保するためにはじまったものである。

2. 認証だけではないハラール

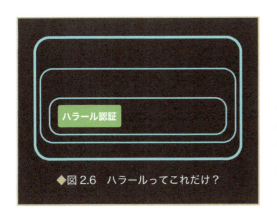

◆図2.6　ハラールってこれだけ？

　当然ながら、ハラールなものとは、ハラール認証された品だけではない。ところが、ハラール認証という言葉が普及するにつれて、ムスリムの食に対する大きな誤解が生まれている。「ムスリムは、ハラール認証のあるものしか食べられない」という誤解である（図2.6）。しかし、ここまで読めばおわかりのように、ハラールの世界は、ハラール認証の世界よりももっとずっと広い（図2.7）。

　もう一度原則に立ち戻って考えてみよう。本来、あるものがハラールかハラームかということは、神のみが決めることであって、人間が決めるべきことではない。イスラームにおいては、神の前ですべての信徒は平等であって、一人一人の信徒は神と直接対峙する存在

◆図2.7　ハラールの世界はハラール認証より広い

であり、宗教的指導者といえどもその間に入ることはできない。だから、実際に食事の場面で、目の前にある食べ物がハラールかハラームかを判断するのはおのおののムスリム消費者である。その判断が本当に正しいかどうかは、神による審判を待つしかない。そのように考えると、認証機関というものは、一人一人の信徒が、目の前のもののハラール性を判断するために参考となる情報を提供しているにすぎないといってもよい。

　もちろん、戒律を厳しく解釈し、疑わしいものをすべて避けるべく、調味料から調理器具に至るまでハラーム由来のものによる汚染を一切排除した食を求める人々のためには、ハラールキッチンや認証マークを掲げるレストランも必要であろう。しかし、飲食業界の実情を思えば、日本を訪れるすべてのムスリムの必要を満たすに十分な数のハラールレストランができることは望むべくもない。

　また、来日するムスリムがみな、「ハラールレストラン」を必要としているわけでもない。ハラール／ハラームの判断は人によって異なるし、イスラームにはやりすぎることに対する戒めもある。日本の飲食店でごく普通に出しているメニューでも、多くのムスリムが喜んで食べるものはたくさんある。

3. コミュニケーションと情報開示

　ムスリム消費者が日本の一般的な外食施設などで自らハラールと感じられるものを食べようとしたときに、もっとも大きな壁になるのが、コミュニケーションの難しさ

◆図2.8　提供者の工夫と、知識にもとづいたコミュニケーションでハラールの世界をもっと広げられる！

である。まず、言葉の壁がある。自分でメニューをみて判断しようと思っても、日本語が読めなければどうしようもない。メニューには細かい材料までは表示されていないことも多い。そこで店員にたずねるが、たとえ言葉が通じても、店員に宗教的な禁忌についての理解がないと、いったい何

をきかれているのかがわからず、どのように答えてよいかもわからない。要点を得ないやりとりをくり返すうちに、誤解やあきらめを生んでしまう。残念なことである。

　しかし、飲食物を提供する側が、ムスリムが必要としている事柄をよく理解したうえで、情報開示を工夫して誠実に行い、消費者と適切なコミュニケーションをとれば、ほとんどのムスリム消費者は、それを食べるかどうかを自分自身で判断することができる。たったこれだけのことで、ムスリム消費者が安心して食べられるハラールの世界をもっともっと広げることができるのである（図2.8）。

　ムスリム消費者の間には実際にさまざまな判断の仕方があり、傍目にみると、ハラール／ハラームの境界線は限りなくあいまいなものに見える。第3章の5節で詳述するように、とくにアルコールに関する態度は非常に幅が広く、保存料としてアルコールが入った醤油を一滴でも使ったらもう食べられないと考える人から、酔っぱらわなければ酒を飲んでもよいと考える人までいる。酒やみりんを抜いた特別食ではなく、本格和食を試してみたいと考えている人も少なくない。また、酒やみりんを使わず、豚やノンハラール肉を使わない料理であればハラールと判断する人はより多くなる。

　たとえば、このようなメニューはどうだろうか。豆腐とわかめの味噌汁、白いご飯、焼き魚に大根おろしと醤油、ほうれん草のお浸し、野菜の浅漬け、緑茶。これらは、

ほとんどのムスリムにとって文句なくハラールと判断できる飲食物である。

　たとえ、豚肉との接触による二次的・三次的な汚染の連鎖まで気にして、微量なアルコールの添加でさえも拒否するような人だったとしても、豚肉に使ったことのない調理器具を使い、アルコール無添加の調味料を選び、肉以外の自然の食材で加工度の低いものを調理し、使い捨ての食器で提供するならば、そしてそのような努力をしたということがその人にきちんと伝わったならば、ほぼ確実にハラールと判断してくれるだろう。

　ハラールとは、認証さえとればよいというものではない。ビジネスチャンスの大きさにとらわれすぎず、人としてのムスリムにどのように接すればよいのか、どのようにすれば安心して飲食を楽しんでもらえるのか、という基本に立ち戻ることが必要である。

4. 過剰防衛をしないこと

　くり返しになるが、大事なのは、最終的に判断をくだすのは食べる人本人であるということである。だから、判断をくだすために本人が必要と感じる情報を、過不足なく伝える必要がある。とはいえ、知っていることをなんでも伝えればよいというもの

食材と環境設備をきちんと説明し、判断を任せる

でもない。

　ハラール認証のことを少し勉強すると、リスク回避のために過剰防衛をしてしまう人が必ず出てくる。微量なアルコールや動物由来成分を含む可能性を鑑みて、これはノンハラールだと断言してしまったり、ムスリムの側から聞かれてもいないのに、あれも危ないこれも危ないと細かい情報を逐一伝えてしまったりするのである。

　しかし第1章の2節でも述べたように、イスラームには、禁じられていないものを人が勝手に禁忌にすることへの戒めがある。ムスリムどうしでも、互いに他の人の判断に口を出すことははばかられるものである。ましてや非ムスリムである私たちが、頼まれてもいないのに、ムスリムに代わって勝手に飲食物のハラール性を判断することなどできはしないし、する必要もない。

　私たちにできることは、ムスリムにとって問題になりうるポイントを学び、できる限りハラールな食材や環境を用意することである。そうして、自分はどこまでできるのか、どこまでやったのかを明らかにし、最終的に食べるかどうかの判断は、食べる人自身にゆだねる。無責任にきこえるかもしれないが、それが理に適ったやり方なのである。最初から完璧である必要はないし、個別対応においては、求められていないことまで先まわりして除去する必要もない。第3章で詳述するように、ムスリム消費者にも多様性があり、その要求する基準も多様なのだから。

④ 日本の食品産業とハラール認証

　そうはいっても、ムスリム市場向けのビジネスでは、ハラール認証の重要性は確かに増してきている。ムスリム対応を考えるとき、まずは認証取得からはじめたほうがよいのではと考える人も多い。そこで、本節と次節では、日本におけるハラール認証の概要と、ハラール認証取得が必要な場合とそうでない場合についてまとめておこう。

1. 日本におけるハラール認証

　日本では、ここ数年の間に多くのハラール認証機関やコンサルタント会社が乱立し、混乱状態といってもよい状況にある。経験や専門性、ノウハウには、機関によって大

◆表2.2　海外の有力団体から認定を受けた日本の認証機関（2017年11月現在）

国・地域	マレーシア	インドネシア			UAE
外国の機関	JAKIM	MUI			ESMA
略称 日本の認証機関		屠畜	食品加工	香料	
JMA 宗教法人日本ムスリム協会 Japan Muslim Association	◯		◯	◯	
JHA NPO法人日本ハラール協会 Japan Halal Association	◯				◯
JHUA 一般社団法人日本ハラールユニット協会 Japan Halal Unit Association	◯				
JIT 宗教法人日本イスラーム文化センター Japan Islamic Trust	◯				
MPJA ムスリム・プロフェッショナル・ジャパン・アソシエーション Muslim Professional Japan Association	◯	◯	◯		
NAHA NPO法人日本アジアハラール協会 Nippon Asia Halal Association	◯				
EHC エミレーツ・ハラール・センター Emirates Halal Center					◯

きなちがいがある。専門的な監査も行わず高額な認証費用を受け取って認証状を発行するハラール認証機関や、海外の認証機関との間をとりもつなどといって業態からみて有効とはいえない認証取得を勧めるコンサルタントなど詐欺まがいの事例もある。ビジネスチャンスの大きさばかりを強調し、業態やターゲット市場のことも考えず、むやみに認証取得を勧めてくるような向きには注意したい。

　特定の条件下では、海外の認証団体から直接ハラール認証を取得することもできる。日本で認証を行う海外の認証機関は限られているが、たとえばインドネシアのMUI（インドネシア・ウラマー評議会）は、原材料としてインドネシアに輸出する添加物などの認証には実績がある。マレーシアのJAKIM（マレーシア・イスーラム開発局）は、マレーシア国内に支店をもつ企業の場合のみ認証を行っている。シンガポールのMUISの子会社WAREESは、シンガポール国外におけるハラール認証を担当しており、これまで日本国内では機内食のケータリング会社などの認証を行っている。

　日本の認証団体は数年前から急増している。海外の認証団体や中東諸国の関連機関から認定を受けた認証機関も複数ある。マレーシアのJAKIM、インドネシアの

MUI、アラブ首長国連邦の ESMA（首長国基準化計測庁）は、Web サイト上で認定した認証機関のリストを公開している（表 2.2）。新しい機関が認定されたり、認定されていた機関が認定を取り消されたりすることもあるので、最新のものをチェックされたい。

　モスクなどを中心に各地のムスリムコミュニティが行っている認証もある。このような認証は輸出には向かないが、個人的な消費の範囲では、専門的な監査でなくても、ムスリムの仲間が見て、これならハラールだと判断しているという事実があるだけで、ほとんどのムスリムは十分だと感じるだろう。

　自社の営業形態において本当に認証が必要なのか、取得するのであればどの認証が適切なのか、ひとつの情報源に頼らず、複数の信頼できる情報源からよく情報を収集し、じっくりと見極めたい。

2. 海外への製品の輸出

　認証取得よりも先に考えるべき大事なことは、相手先が欲しがるような商品をもっているか、どのようにすれば取引のルートにのせることができるかということである。まずは輸出先を定め、その国や地域の状況に合わせた対策をとる。

　中東諸国の場合、肉製品以外ならば、実質的にハラールな原材料を使っていれば認証がなくても輸出できる場合が多い。お金のかかる認証をあえてとらず、とりあえず実質ハラール品でビジネスをはじめてみて、その地域の嗜好に合った商品を開発するという手もある。

　マレーシアやインドネシアに向けて、ハラール性を訴求する製品を輸出するには、認証取得が義務づけられている。日本の認証機関からハラール認証を取得する場合、少なくとも輸出先国の機関から認定された機関を選ぶように気を付ける。ただし、相手国の認証機関から認定されている認証機関だからといって、短絡的に飛びつかないようにしてほしい。ジェトロ（日本貿易振興機構）などで相手国の法制度や流通事情をよく確認したほうがよいだろう。たとえばインドネシアの場合、現状では、原材料や肉など B to B（企業間取引）のハラール品の輸入は認めても、外国のハラールロゴをつけた小売商品をインドネシア国内で流通させることは認めていない。

　ちなみに、シンガポールは東南アジアでも突出した経済力をもち、近隣諸国の富裕層や中間層にとっては流行の発信地となっており、影響力が大きい。ムスリムが少数

派であるため、ハラール認証取得におけるハードルが比較的低く設定されているようである。しかし、マレー系ムスリムの住民がいて、隣国マレーシア・インドネシアとの関係が深く、ムスリムのニーズに対する理解が進んでいるため、ムスリムの旅行先としても好適地である。これらの点から、ハラール製品のテストマーケティングをまずシンガポールで行うことは効率がよいと考えられる。シンガポールで人気がでれば、周辺諸国にも売り出しやすい。

3. 海外進出と中間製品の輸出

　本格的にムスリム市場を狙う場合、すでに多くの企業が行っているように、ムスリムの多い国での現地生産をおすすめする。途上国で安く生産できれば、さらに製品を日本に逆輸入して、日本国内のムスリム消費者向け、ムスリム対応をめざすインバウンド企業向けに販売することもできる。

　企業秘密の肝になる原材料は、日本で生産したほうがよい。これを中間製品として輸出して、現地調達の材料にこれを加えて最終製品を仕上げる。あるいは、完成品に近いところまで日本でつくり、小分け包装など最後の工程だけを現地工場で行うという方法もある。日本で生産する中間製品は、相手国の制度に応じて、実質ハラール品か、ハラール認証取得かを決める。

　現地に自社工場を建てるのは人的にも資金面でもハードルが高いが、すでにハラール認証を取得している現地企業への委託生産（OEM）であれば、コストを削減できる。マレーシアで毎年4月に開催される大規模なハラール見本市MIHASに行くと、展示場のそこかしこにOEMを受け入れる工場の情報をみかける。先行して現地に進出している日系企業と交渉してみるという手もあるだろう。

　2014年に千葉県で開催されたFOODEXのセミナーでバーレーンの経済開発委員会食品担当オフィサーが海外企業誘致のために語ったところでは、中東では東南アジアと異なり、ハラール認証の必要性は低い。果物、野菜、魚のような生鮮食品だけではなく、加工食品も肉やアルコールを含まなければ、認証がなくてもハラールなものとして輸入できる。そして、バーレーンは湾岸協力会議（GCC）加盟国なので、バーレーン国内の工場で小分け包装した製品であれば、域内産品として他のGCC加盟諸国に無関税で売ることができる。もちろん、その後の事情の変化はあるだろうが、食物を輸入に頼る中東諸国では、世界各地へ食品を輸出しようと目論む東南アジア諸国

よりも、加工食品の生産工程に求めるハラール性担保の厳しさは、ゆるやかであるように思われる。

❺ インバウンド・ビジネスと各種の認証

　ここでは、日本国内に在住するムスリムや訪日外客を対象にしたフードビジネスについて、調味料・原材料、容器包装食品、飲食業にわけて、認証取得の有効性を概観する。

1. 調味料・原材料

◆写真 2.1　ハラール食品

　塩・砂糖・味噌・醤油・酢といった基本的な調味料や、干しただけの野菜やスパイス、白米や小麦粉など加工度の低い原材料については、消費者感覚からいえば、必ずしもハラール認証取得は必須とはいえない。

　しかし、B to B で、販売のターゲットとして、高度なムスリム対応やハラール認証取得をめざす日本企業を設定するのであれば、こういった食品にも取引先企業のニーズに合わせた認証を取得する意味はある。また、添加物やフレーバーなど、主に食品の原材料となる加工度の高い製品についても、認証取得は有効である。ただし、このような原材料レベルでのハラール対応はすでにかなり進んでおり、国内外の有力な認証機関から認証を取得している商品も多い。

2. 容器包装食品

　日本国内でムスリム向けに容器包装食品を売る場合、肉加工品以外の製品であれば、ハラール認証をとらずに原材料に関する情報開示で対応する方法を筆者は勧めてい

る。その方法は第4章で詳しく述べる。とはいえ、「ハラール」と明記されていることが肝要だと感じる人々も少なくない。明確に「ハラール」と表示がしてあれば、確かに買いやすく、売りやすくなるので、ハラール認証をとって大きく表示をするのも有効である。日本国内で売るのであれば、モスクなどを中心にした地域レベルの認証でも問題ない。

　ただし、ハラール認証をとったからといって、競合商品よりも高く売れるわけではない。そもそもマレーシアやインドネシアでは、ハラールロゴがある商品はごく当たり前の日常的な商品で、値段も高くはない。留学生のように、日本の物価や代替商品について知識のあるムスリムが納得して買えるような値段設定が必要である。

　訪日外国人向けの土産品は、通常の品よりは高い値で売れるだろうが、やはり他の土産物と競争できる価格をつけたい。金に糸目をつけない富裕層狙いの品ならばともかく、これから増加が見込まれる東南アジアからのムスリム観光客は、主に中間層である。まったくの貧乏旅行というわけではなく、土産品や特別な体験にお金を払う用意はあるが、働いて貯めたお金には限りがあるので、ツアーやLCC（格安航空会社）や格安の宿を利用して節約をしながら旅を楽しむ人々だ。だから記念として自分や家族用にはちょっとした贅沢品を買うが、ハラール認証を取得しているからといって高額商品を買うわけではない。ましてや友人や親族や同僚のために土産品を大量にまとめ買いをする際には、リーズナブルな価格であることが重要な選定要因になる。

3. 飲食業にかかわるさまざまな認証と用語

　レストランなどの外食施設、ホテルの朝食提供、弁当や惣菜の販売などの分野でムスリム対応をするにあたり、何らかの認証を取得したいと考える人は多い。単純に「ハラール食品」が用意できるということをムスリムのお客様に向けて発信したい、という素朴な気持ちからはじまっても、なんだかいろいろと難しい事柄があるので、とにかく専門家にチェックしてもらったというお墨付きを得たいというのが正直なところだろう。

　しかしこれは、日本で今、もっとも混乱している分野である。ハラールレストラン、ハラールキッチン、ハラールメニュー、ハラール推奨メニュー、ハラール調理師、ムスリムフレンドリー認証、ハラールフレンドリー認証、ムスリムフレンドリーレストランなど、さまざまな用語があり、多くのイスラーム関係機関やハラール認証機関が

それぞれの考えで、推奨・推薦・認証を行っている。同じような用語でも、使う人や団体によって少しずつニュアンスが異なるのが現状である。

　比較的よく使われる用語として、ハラールレストラン、ハラールキッチン、ムスリムフレンドリーの意味をごく簡単に解説しておこう。

◆**ハラールレストラン**：厨房だけではなく客席も含め、レストラン全体において、運び込まれる食材や提供される飲食物がすべてハラールであり、酒類の提供も一切ないものをさす。

　細部においてどの程度までチェックをし、制限をつけるかという点では、認証機関によってちがいが出てくる。参考までに、インドネシア MUI の認証規格におけるハラールレストランの要件の概略を紹介すると、食材がハラールであるというだけでは十分ではなく、提供するメニューをすべてあらかじめ登録し、使用する食材と調理法を明らかにしておく。そして、新しい料理を出すためには、いちいち事前に申請して許可をとらなければなければならない。肉などリスクの高い食材は、仕入先や仕入れの方法も決めておき、購入記録を保管して、使用量に見合った仕入れ量があることがわかるようにしておく必要がある。

　インドネシアのこの要件は、そもそも大規模なファストフードのレストランチェーンにおける運用を念頭において設定されたものである。常に変化を求め、旬や仕入れ状況に応じて季節料理や日替わりメニューを工夫する日本の食文化には、まったく適合していない。実質的なハラール性の確保という観点だけでいえば、そこまでの条件をつける必要も実際はない。

　日本の認証機関ならば日本の事情を勘案した独自のハラール認証規格をつくれそうに思うが、インドネシアやマレーシアのハラール認証機関から相互認定を受けた認証機関の場合、海外の規格からあまりにも外れた規準でレストランにハラール認証を出すことはなかなか難しい。輸出用の商品に対する認証への信用までもが揺らぎかねないからである。そのため、日本の有力なハラール認証機関の多くは、レストランに対するハラール認証をほとんど行っていない。一方、各地のモスクなどをベースにしたムスリム共同体の組織は、比較的積極的にハラールレストラン認証を行っている。モスクベースのレストラン認証は東南アジア諸国のハラール認証規格とは関係なく、日本に在住していて事情を理解しているムスリムが、同胞ムスリムの便宜のために自分たちの知識と理解の範囲で厨房や食材をチェックしてハラールと判断できるレストラ

ンに対して認証を出すという性質のものが多い。

◆ハラールキッチン：レストランの厨房に運び込まれる食材や、厨房から提供される飲食物がすべてハラールであるような施設をさす。

　レストラン全体でみると、厨房以外の場所にバーカウンターなどをつくって、客席でハラール料理を食べながら酒類を飲むことができる。

　マレーシアはイスラームを国教としているが、マレー系のムスリム住民の割合は約6割で、中国系やインド系の住民と共存している。中華風のシーフード料理店や、中国文化とマレー文化の融合から生まれたニョニャ料理の店などでは、食べ物はすべてハラール、あるいは少なくともノンポークであるが、店内では酒を提供するということも珍しくない。

◆ムスリムフレンドリー：そもそも「ムスリムに友好的である」という意味であるが、ハラール食を提供できる施設に使われることがある。しかし、現状では解釈にも多様性があり、また誤解も多い。

　理解を深めるため、その経緯を説明しよう。まず、ムスリム旅行客のニーズに対応するため、一部のメニューだけではあるが、ハラールな材料だけを使った実質的にハラールな料理を提供することができる施設が登場してきた。ただし、同じ厨房内で酒や豚などノンハラール品を使って調理しているため、「ハラールレストラン」や「ハラールキッチン」を名乗ることはできない。そこで、こういった施設に対して、ムスリムが必要としているハラール料理が提供できるという意味で、「ムスリムフレンドリー（ムスリムにとってやさしい、ムスリムにとって使いやすい）」という言葉を用いることがあった。「ムスリムフレンドリー認証」という認証を出している団体もある。

　通常、一部メニューのハラール化だけでは、レストランとしてハラール認証を得ることは不可能である。認証ではなく、一般的な用語としての「ハラールレストラン」や「ハラールキッチン」と比べても、厨房内で混入や交差汚染が起こる可能性が高く、ハラール性確保の対応レベルは低い。そこで、ムスリムフレンドリーとは、ハラール認証に届かないものであり、ハラール未満のものであるという誤解が生まれた。

　実際には、ムスリムフレンドリーな飲食施設であるためには、もちろんハラールな飲食物を提供できなければならない。安全性のたとえを思い出してほしい（第2章の3節）。屋台で料理をするときには、大工場で行っているような厳密な衛生管理や

HACCP の手順に則った対応はできない。しかし、だからといって、安全性が強く疑われる食べ物を出してよいわけでない。屋台は屋台なりに、できる範囲できちんと衛生管理をして、安全な食べ物を提供しなければならない。それと同じで、ムスリムフレンドリーを謳うからには、できる範囲できちんとハラール性を確保した飲食物を提供する必要がある。また、これに加えて、さらに礼拝のための便宜を図ったり、ムスリム顧客が必要としている情報やサービスを提供できるといったことも期待される。

4. 認証からはじめない対応とは

　本節の冒頭でも述べたように、全世界の 16 億人のムスリムすべてが認める「ハラール」の最小公倍数を追い求めることには意味がない。そこで、筆者がおすすめする対応は、まずは特定少数の消費者からはじめることである。とりあえず、身近にいるムスリム消費者が認めてくれるものやサービスを、試行錯誤しながらつくっていくのである。情報開示をきちんとして、それでよいと感じる消費者を最初のターゲットにする。最初は一人でもよいから、顔の見える関係のムスリム消費者を対象に、あまり費用のかからないすぐにできる対応からはじめる。あるいは特定の団体客に対して、その客が要求するレベルの対応をやってみる。そうして、相手の意見や要望を丁寧に聞き、改善を加える。双方向のコミュニケーションを積み重ねながら少しずつハラール対応を進歩させるとともに、顧客の嗜好に合わせて商品を進化させていく。それが次第に不特定多数の顧客獲得につながる。

　ここでたとえ話として、インドネシアのとあるケータリング業者の話をしよう。Yケータリングは、セレブの婚礼や割礼の祝宴向けに、一度に 1,000 ～ 2,000 人、ときには 3,000 ～ 4,000 人規模の料理をまかなう専門業者である。経営者はムスリム女性であるが、40 年ほど前、何の資格ももたず、ただ夫の同僚に、手づくりのお弁当を売るところからビジネスをはじめた。するとその料理が評判をよび、知人の家やオフィスで開催される小さな集まりのもてなし料理を頼まれるようになった。20 人から 50 人、やがて 100 人、500 人と次第にパーティーの規模も大きくなるにつれて、器材や人員やノウハウを充実させていき、専門のイベント施設での仕出しを頼まれるようになると、必要な営業許可をとり、正式にケータリング業者となった。そして、お弁当を売りはじめてから 20 年足らずで数千人規模のパーティーの注文を受けるまでになったのである。

インドネシアでハラール認証の重要性が高まってきていたこともあって、数年前に一度ハラール認証を取得したが、有効期限が切れた後、延長はしなかった。ケータリングの業態は、新法で認証取得が義務づけられる小売商品ではなく、個人の顧客が注文主となってその関係者に飲食品を提供するというものなので、認証の有無よりも実績と信頼のほうが重要だからである。

　日本のインバウンド関係業界のムスリム対応も、そのようにはじめればよいのではないだろうか。まずは顔の見える少数の人々に対して商品やサービスを提供してみる。そこから、需要があれば、食材・器材・人員・ノウハウを充実させながら、少しずつビジネスを大きくしていくのである。もちろん、顔の見える関係を大事にし、小さなビジネスのまま続けていくという選択肢もある。ビジネスが大きくなって、もしもハラール認証が必要だと判断したのであれば、それはそのときに考えればよい。その頃にはムスリムやハラールに対する理解も進んでいるだろう。認証取得のコストをハラールビジネスによって回収できるかどうか、どの団体からどのような認証をとるべきかといった判断をくだすために必要な知識も、十分に時間をかけて収集することができる。ハラール性確保のノウハウも、ムスリム消費者の嗜好に合った商品開発も、序章（6〜7頁）で述べた8つのステップを踏んで、実際に商売をして、ムスリムからのフィードバックを得ながら、試行錯誤を重ねて進めていけばよい。

もう少し塩をいれようか？

それよりチリソースをそえようよ！

日々のコミュニケーションによる情報の積み重ねが大切！

❖ 第3章 ❖

ハラールと
ハラームの狭間で

本章では、ハラールに対する意識や実践の多様性を扱う。第1節では多様性を生む要因を概観し、第2節以降で、地域差や個人差が大きいものをとりあげて、具体的にどのような多様性があるのかをみる。第2節では水産物と水陸2つの世界に生きるもの、第3節では肉と屠畜方法、第4節では添加物と風評被害、第5節ではアルコールとアルコール飲料について述べる。

 ## ムスリム消費者の意識の多様性とその要因

何をハラールとし、何をハラームとするのか、ムスリム消費者のハラールに対する意識も、実際の消費行動の原理も、一枚岩ではない。クルアーンの啓示やハディースに描かれた預言者の言行スンナをどのように解釈し、またそこに明確に指示されていない部分をどのように補って日常生活につなげていくのか。地域、国家、民族集団、宗派・法学派といった大きな枠でわけて、共通の解釈や行動が広くみられることも多いが、同じ集団に属している人どうしにも個人差がある。

1. 社会の多様性：宗派・法学派・基層的な文化など

序章でも述べたように、イスラーム社会といっても、中東・北アフリカのアラブ諸国、中東の非アラブ圏、島嶼部東南アジア、南アジア、中央アジア、西アフリカなどに幅広く分布している。気候風土など地理的条件もまったく異なるし、イスラーム普及以前の基層的な文化も異なり、その後の歴史的発展も、現在の社会・経済・技術などの状況もさまざまである。こういったことがハラール・ハラームの解釈にも影響を与える。

たとえば、害獣・害虫や汚らわしいものはハラームであるとされるが、何を汚らわしいと感じるかは、生まれ育った地域の文化によって異なる。一例を挙げると、熱帯アジアには、サゴムシと呼ばれるまるまると太った白いイモムシがいる。サゴムシはサゴヤシの木につくオサゾウムシの仲間の幼虫で、サゴ澱粉を主食にしている地域においては、しばしば重要なタンパク源となっている。このような地域の人々がムスリムになったならば、クルアーンで禁じられている食べ物のリストに入っていないのだ

から、サゴムシは当然「ハラール」と判断するだろう。しかし、サゴムシを見たことも食べたこともない人々は、気持ちが悪い、汚らわしいと感じ、したがって「ハラーム」だと判断するだろう。

　水産物の扱いも地域によって大きく異なるが、これにはイスラームの宗派や法学派による法解釈のちがいの影響も大きい。これについては次節で詳しく述べる。

2. 個人差：家庭環境・教育・思想・ライフステージなど

　同じ宗派・法学派に属し、同じ地域に生まれ育ったムスリムであっても、ちがいはもちろんある。お国柄もあって、マレーシアとインドネシアでは、一般にマレーシアのほうが厳しい解釈をする人が多いようだ[1]。宗教や経済にかかわる政策などの歴史的経緯の影響もある。同じ国でも富裕層・中間層・低所得層など社会階層によって傾向が異なるし、親の態度など幼少時の環境も大きな影響を与える。同じ家庭に育った兄弟姉妹でも、生まれつきの性格も違えば、受ける宗教教育や出会う人も違う。一人の人のなかでも、年齢や経験や社会的地位の変化によって考えや行いは変わっていく。同じように日本に留学をしても、ハラール食の確保が難しければゆるやかに原則さえ守ればよいと考える人もいれば、かえって意識が高くなり、厳しくチェックするようになる人もいる。また同じ時期の一人の人の行いをみても、家での食事と外食時、近所での外食と旅行時の外食、ムスリムどうしの会食と非ムスリムに交じっての会食など、時と場合によって微妙に選択基準が変わることもある。極端にいうならば、ある人がハラール性についてどの程度意識し、どのようなものまでハラールと考えるかということは、一人一人その時その場でその人自身に聞いてみなければわからないことなのである。

　しかし、一人一人に意見を聞くにしても、スムーズなコミュニケーションを成り立たせるためには、一般的にムスリムの世界で問題になりがちなポイントを知っていなければならない。次節以降、具体的にどのようなことが意見のちがいになりうるのか、またどのような問題が消費者に強く意識されているのかを詳しくみていく。

1　第 3 回 食のハラール性に関する国際シンポジウムにおける本保芳明氏講演「ムスリム旅行者の食の不安緩和の鍵」では、インドネシア・マレーシア・シンガポール 3 か国における、訪日を希望するムスリム旅行客および旅行会社への調査により、3 か国の傾向のちがいが示された。

② シーフード

　水産物の扱いは、もっとも地域差の激しいものである。沿岸部に住んでいるか、内陸部に住んでいるかによっても感覚が異なるし、ハラール・ハラームの判断には、宗派・法学派のちがいによる影響が大きい。

1. 宗派と法学派

　イスラームは、大きく分けるとシーア派とスンナ派（スンニー派）という 2 つの宗派に分けられる（図 3.1）。さらにそれぞれの宗派に法学派（マズハブ）がいくつもある。以下、法学派を学派と表記する。スンナ派の四大学派とされるのが、ハナフィー学派、マーリク学派、シャーフィイー学派、ハンバル学派である（図 3.2）。

　宗派や学派によって、ハラール／ハラームの区別に対する考え方が異なる場合があ

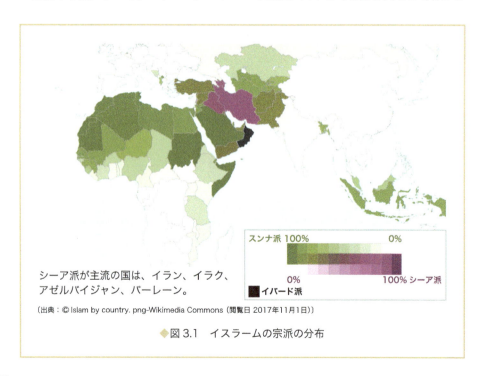

シーア派が主流の国は、イラン、イラク、アゼルバイジャン、バーレーン。

スンナ派 100%　　　　　0%

0%　　　　　100% シーア派

■ イバード派

（出典：Ⓒ Islam by country. png-Wikimedia Commons（閲覧日 2017年11月1日））

◆図 3.1　イスラームの宗派の分布

るが、その代表的なものは「海で獲れるもの」、すなわち水産物に対する判断である。東南アジア諸国で多数派となっているスンナ派のシャーフィイー学派やハンバル学派は、水の世界だけに生きるものはすべてハラールであるとしている。よって、マレーシアやインドネシアの一般的なムスリムは、淡水産・海水産を問わず、魚介類やクジラはすべてハラールであると考える。鱗があってもなくても、ウナギでもイカでもタコでもエビでも貝でも、異教徒がしめたものでも、網で水揚げされて勝手に死んでしまったものでも、とにかく水の世界のものであれば、体に害がないかぎり、すべて「ハラール」なのである。フグのように毒のあるものでも、毒の部分をきちんととり除くことができれば食べられる。

シャーフィイー学派では、水陸2つの世界にまたがって生きるものは「ハラーム」とされる。両生類のカエルは当然「ハラーム」である。ワニは爬虫類だが、水と陸を自由に行き来するので「ハラーム」であると考える。2つの世界に生きるものへの禁忌の根拠はクルアーンにもハディースにもはっきり書かれていない。どうやら、陸の生き物についての規定と、水の生き物についての規定が明記されているのに対し、そ

スンナ派
- ハナフィー学派
- ハンバル学派
- マーリク学派
- シャーフィイー学派

シーア派
- イスマーイール派
- ジャアファール派
- ザイード派
- その他

その他
- イバード派
- アフマディヤ

〔原図の出典：Distribution of Sunni and Shia branches of Islam,
© Peaceworld111-Wikimedia Commons（閲覧日 2017年11月1日）〕

◆図 3.2　スンナ派・シーア派の分派の分布

の間のものについての規定がはっきりと示されていない、というのがその理由のようである。

　マーリク学派でも水産物は基本的に「ハラール」だが、ウナギは「ハラーム」とされているらしい。また、マーリク学派ではカエルを食用とする場合がある。

　一方、消費者レベルでどのようにとらえられているか詳細は未確認だが、少なくともWeb上のイスラーム知識のQ&Aサイトなどを見る限りでは、シーア派やスンナ派のハナフィー学派においては、水産物のなかでは鱗のある魚のみを「ハラール」としているようである。殻のあるエビを鱗のある魚の一種と考えてハラールとする場合もあるが、ウナギ・イカ・タコ・貝などは、シーア派でもハナフィー学派でも食べないようだ。

　まとめると、鱗のある魚は、どの宗派も学派もみな「ハラール」としている。クジ

◆図3.3　宗派／学派と水産物の扱い

ラ・ウナギ・エビ・イカ・タコ・貝などは意見がわかれるため、食べるかどうかを個別に確認したほうがよいということになる（図3.3）。

　東南アジアのムスリムの場合、魚介類は屠畜のルールから除外されるため、非イスラーム圏でも、「ハラール」という意味で比較的安心して食べられると感じる人が多い。

　一方で、ハラールかどうかの議論とは別に、食嗜好の問題としてシーフードをあまり好まず、肉がないと満足できない人もいるので、その点は気を付けたい。とくに中東や中央アジアでは肉の文化的価値が非常に高く、魚を食べる習慣がまったくない人も多い。このような人には、やはりハラール肉を出すことがもてなしにふさわしい。

2. カニとファトワー

　インドネシアでは、一部のカニについて、ハラールかどうか意見がわかれる。

　問題とされるのは、通常、マングローブガニ（インドネシア語でクピティン・バカウ、あるいは単にクピティンまたはクタムなど（写真3.1）と呼ばれるノコギリガザミの仲間である。マングローブガニは水揚げされた後もすぐに死なない。そのため、2つの世界に生きるものではないかと疑う人がいるのである。

　一方、クピティン・ラジュンガン、あるいは単にラジュンガンと呼ばれるカニの仲間は、タイワンガザミやシマイシガニ（写真3.2）などをさし、水揚げするとすぐ死んでしまうので「ハラール」であるとされている。

　マングローブガニがハラールか否かで長らく意見がわかれていたが、信徒の疑問の声に応えて、インドネシア・ウラマー評議会（MUI）は専門家による協議の末、

◆写真3.1
脚を縛って売られている「マングローブガニ」
ハラールかどうか議論がある。

◆写真3.2
赤いラジュンガンと呼ばれる「シマイシガニ」
水揚げするとすぐに死ぬのでハラール。

2002年に正式なファトワー（宗教的見解）を出した。このファトワーは、「マングローブガニ」と呼ばれるものが、学名でいうと *Scylla serrata*、 *S. tranquebarrica*、*S. olivacea*、*S. pararnarnosain* という4種類のカニであることを明らかにし、その生物学的特徴といった科学的事実にもとづき、これらのカニが水生動物であり、ハラールであると結論づけている。

　しかし、ファトワーが出たからといって、ただちにそれがすべてのムスリムに浸透するわけではない。2012年、筆者がインタビュー調査をした際、あるイスラーム学校の男性教師は、かつてレストランで同じテーブルについた知人たちがカニを注文して食べたことについて否定的に語り、自分は食べなかったと述べた。とはいえ、インドネシアでは、ファトワーの有無に関係なく、昔も今もどんなカニでも食べるという人のほうが圧倒的に多い。日本のタラバガニやズワイガニのような大きなカニは、東南アジアにはいないので、日本らしいごちそうとして喜ばれる。

　そうはいっても、ムスリムを魚介類でもてなそうとするときは、あらかじめどのようなものを食べるか確認したほうがよい。事前のコミュニケーションが難しいときは、各食材がそもそもどのような生き物なのかを調べておき、もしも聞かれたらすぐに写真などを見せて、答えられるようにしておいたほうがよいだろう。

どのような生物なのか。もとの形がわかれば判断しやすい

❸ 肉の諸問題

第 1 章の 3 節でも述べたとおり、ハラールな種類の動物を正しく屠畜処理したものをハラール肉と呼ぶ。屠畜の基本は、ムスリムが神への祈りを唱え、動物の喉を鋭いもので切り裂くか、喉を突き刺すかして、出血させて殺すというものである。

1. ハラール屠畜を行う人

日本では、中型・大型家畜は決まった施設以外で屠畜することが許されていない。屠畜や解体処理はすべて専門家にゆだねられ、日常生活ではまったく見えないところに追いやられている。社会科見学に屠畜場へ行くこともない。そのため、ハラール屠畜というと、なにかたいへん特殊な技術であるように思う人もいるだろう。

しかし、本来、ハラール屠畜には特別な資格は必要ない。動物を正しくほふる技術と知識のあるムスリムであれば、だれでもハラール肉をつくることができる。実際にムスリムといっしょに暮らしてみると、ハラール屠畜はそれほど特別なことではない。筆者が農村で住み込み調査をしていた頃は、16 ～ 17 歳の女の子が庭の鶏をパッと捕まえて祈りを唱え、さっとナイフで首を切って処理をしていた。彼女は若くても一人前のムスリマ（女性のムスリム）であるから、その肉は立派なハラール肉となる。割礼や婚礼に伴う祝宴や、犠牲祭の折りには、庭やモスクに近隣住民が集まって羊やヤギ、牛を屠畜・解体するし、小さな子どもも見物に集まる。中型・大型家畜の屠畜は、だれにでもできるわけではないが、特殊な専門技能というほどでもない。日本でいえば、大きなサケをまるごと一匹さばく技能といったところであろうか。

そのようなわけであるから、ムスリム消費者の目線でいえば、証明書がなくても、ムスリムがきちんと手順を踏んで屠畜したと信じられれば、それだけで十分にハラール肉だと判断できる。実際、そのような売り手と買い手の信頼関係にもとづいて手づくりハラール肉の売買を行っている事例は、日本国内の各地でいくつもみられる[2]。

2　詳しくは、阿良田麻里子編『文化を食べる、文化を飲む－グローカル化する世界の食とビジネス』（2017、ドメス出版）に所収の山口裕子論文（17-46 頁）、スリ・ブディ・レスタリ論文（47-66 頁）を参照のこと。

とはいえ、ハラール肉を大量に生産するには、すばやく正確に屠畜を行う訓練を受けた職業的な屠畜人が必要である。ハラール肉生産の先進国であるオーストラリア・ニュージーランド・ブラジルなどでは、ハラール用の屠畜処理施設がたくさんあり、世界中にハラール肉を輸出している。ハラールだからといって他の肉と比べて高価なわけではなく、日本でも「業務スーパー」などで、通常の輸入肉と同じく手頃な価格で購入することができる。

日本国内にも、自社工場をハラール化し、認証を受けた肉の製造業者が複数ある（111頁参照）。また、アラブ首長国連邦へのハラール肉輸出の屠畜証明をすることが認められた認証団体「宗教法人日本イスラーム文化センター」や、インドネシアMUI およびマレーシア JAKIM から認定を受けた「MPJA」は、国内の屠畜場で処理された肉にハラール屠畜証明を発行している。

2. ハラール屠畜をしていない肉

ところで、ムスリム消費者は、絶対にハラール肉以外の肉を食べないのだろうか。ここにもまた多様な判断がある。

アル・カラダーウィーは著書『イスラームにおけるハラールとハラーム』で、啓典の民、すなわちユダヤ教徒やキリスト教徒などの一神教徒が屠畜した肉であれば、神の名を唱えて食べてもよいとしている。預言者ムハンマドの言行録『ハディース』のなかで、「キリスト教徒からもらった肉をどのようにすればよいのか」とたずねた信者に対し、「神の名を唱えて食べなさい」と預言者が指示したことに由来する。

そこで、キリスト教圏を訪れた場合、豚肉を避けるだけで、とくにハラール屠畜されているかどうかを気にせず、肉を食べるという人もいる。日本のような非イスラーム・非キリスト教圏では、国産肉を避け、キリスト教圏からの輸入肉だけを食べるという方法もある。

ユダヤ教徒の肉とキリスト教徒の肉を分けて考える場合もある。ユダヤ教に許された物事をコーシャー（コシェル）といい、ユダヤ教の教義に則ってハラール屠畜と非常によく似た方法で屠畜された肉をコーシャー肉（コシェル肉）という。そこで、米国のようなキリスト教圏で、ハラール肉が入手しにくかった時代には、代わりにコーシャー肉を購入する場合があった。

また、屠畜人の宗教や屠畜方法にこだわらず、豚肉でなければ食べるという人もい

る。この場合、牛・羊・ヤギのような四足の動物よりも、ニワトリやアヒルのような鳥の肉のほうが抵抗は少ないように見受けられる。

3. 屠畜方法の詳細

屠畜方法そのものの手順や条件にも細かなちがいがある。

スタニング（気絶処理）についてはすでに第 2 章でも説明したとおり、一切認めないとする人もいるが、多くのムスリムがスタニングを伴う屠畜を受け入れている。

インドネシア MUI の認証規格では、正常な精神状態の成人したムスリムが、祈りの章句を唱え、鋭く研いだ刃物を使い、生きた動物の頸動脈・頸静脈・食道・気管を切って放血をすることになっている。MUI は、2016 年の時点では、たとえハラールな動物であっても、ノンハラール屠畜を同じ場所で行うことを認めていなかった。

一方、中東へ輸出するハラール肉の認証を認められている日本のハラール認証機関「日本イスラーム文化センター」では、きれいに清掃された屠畜場で、朝いちばんにハラール屠畜をする限り、ハラールな種類の動物のノンハラール屠畜を行っている屠畜場の使用を認めている。

ハラール鶏肉を製造する場合、ムスリムの屠畜人が手さばきで一羽一羽屠畜することもあれば、自動屠畜機械を使うこともある。自動屠畜機械の場合、祈りの章句の詠唱をどのようにするかが問題になるが、機械を動かしている間ずっと専門家が章句を唱えつづける場合もあれば、録音した章句を再生するだけの場合も、機械のスイッチを入れる際に唱えるだけの場合もあるらしい。

4. 輸送や倉庫における管理

ハラール認証規格では、一般に、輸送や倉庫においてもハラール肉とノンハラール肉を混載してはならないとされる。とくに冷蔵庫・冷凍庫はその性質上、いっしょに貯蔵されたものの間で水分が移動するため、棚をわけるだけでは十分ではなく、専用の冷蔵庫・冷凍庫が必要とされる。

しかし、これもまた消費者レベルの解釈ではずいぶん違っている。非ムスリム地域においては、冷凍庫が専用でなくても、肉が個別に丁寧にパッキングされていれば問題ないと感じる人も少なくない。「業務スーパー」は安価な輸入ハラール食品を多く

扱っていることで知られているが、同社がハラール肉を明示的にハラール肉として売り出すよりももっと前から、在住ムスリムの間では「業務スーパー」の輸入肉のなかに実はハラール肉があるということが知られており、冷凍庫に並ぶ肉からハラールのものを探して買っていたという話もある。

5. 家畜の餌やアニマル・ウェルフェア

　屠畜よりも前にさかのぼって、餌やとり扱いの人道性までも問う場合がある。

　餌の問題としては、狂牛病の原因として羊の脳からつくった飼料が与えられたこともあって、草食性の動物である牛や羊に肉や血に由来する飼料を食べさせてはならないと考える人がいる。また、日本でビールを飲ませて育てている高級牛の話を聞いて、アルコール飲料（ハムル）を飲ませていないか確認する人もいる。これを拡大していくと、飼料としてビール粕を与えることも問題にされかねない。

　また、イスラームでは、家畜に無用な苦痛を与えてはならないとされている。そこで、他の家畜が屠畜される様子を家畜に見せたり聞かせたりしないようにするなど、農場から屠畜場へ至るまですべてにおいて、人道的なとり扱いを要求する動きもある。

　ハラール肉と一口にいっても、細かく見ていくとさまざまなちがいがあることがおわかりいただけただろうか。この多様な肉のあり方のどこまでをハラールとし、どこからはノンハラールであるとするか、専門的な議論はつきないところである。しかし、一般的なムスリム消費者が細かな屠畜方法や処理方法について詮索することはまずないといってもよい。消費者レベルでは、とにかくハラールな種類の動物であること、そしてハラール屠畜をされていることが重要なのである。

④ 「疑わしいもの」の拡大と風評

　ハラールとハラームの狭間にある疑わしいものを「シュブハ」と呼び、避けるべきとされている。しかし、第2章でも述べたように、ハラールなものとシュブハのもの、シュブハのものとハラームのものの間に境界線を引くのは容易なことではない。

1. 加工食品とハラール認証制度

　従来、ハラール製品といえば、食肉およびその加工品のことであり、問題の中心は、屠畜がイスラーム法に則って正しくなされたかどうかであった。穀物や野菜、卵やミルクなど、そもそもハラールな材料だけを使った加工食品のハラール性は自明のこととされ、ことさらに証明や認証を必要としていなかったのである。2015年に筆者が中東ドバイで食品の見本市ガルフードを視察した際にも、ハラール証明を大きく掲げているブースはそのほとんどが肉製品のもので、植物性の食品や乳製品に対してハラール認証取得を謳（うた）っているブースは数えるほどであった。

　しかし、現在、東南アジア地域を中心として発展しているハラール認証制度の大きな課題は、加工食品に含まれる多くの原材料と、その複雑な製造工程にある。現代の加工食品の原材料は、パッと見ただけでハラール性を判断できるようなものだけではない。とくに添加物の多くは、すでに高度に加工された物質として工場に搬入されており、それらの物質の原材料は、アレルギーを引き起こす危険性の高いものではないかぎり通常は表示されない。そこで、ハラール認証においては、原材料すべてにおいて、原料が何か、加工の途中でハラームなものの混入や汚染がないか、製造工程をさかのぼって調べる。さらには、仕入れから加工、包装、保管、流通などの工程を管理して汚染を予防し、トレーサビリティを確保する。

　このような認証を行うためには、イスラーム法の知識だけではなく、食品製造や成分分析などの分野の知識や技術が不可欠である。そのため、ハラール認証先進国であるマレーシア・インドネシア・タイなどの世界的にも高い権威をもつとされるハラール認証団体は、大学などの研究機関と緊密な協力関係を築いており、監査官として西洋科学的な学歴をもつ食品加工分野の専門家を擁している。

2. IT（情報技術）の影響と活用度

　一般的に、多宗教の入り混じった環境で暮らす東南アジアのムスリムは、イスラームの本場とされる中東地域に暮らすムスリムよりも、食品の汚染リスクに対する意識はむしろ高い。とくに大量生産の包装食品は、汚染や混入のリスクが高く、さまざまな社会問題を生んできた。

　消費者側から発信される情報は、インターネットやスマートフォン、さまざまな

SNS の普及により、あっという間に拡散するようになった。これが、風評被害が生まれる大きな要因となっている。

　ハラール認証の役割のひとつは、風評被害に対する対策である。東南アジアの有力な認証団体（マレーシア JAKIM、インドネシア MUI、タイ CICOT など）は、認証済みのブランドや商品の情報を Web 上で公開し、消費者が直接チェックできるようにしている。正確な情報をすばやく伝達するため、認証機関の側にも企業側にも IT（情報技術）の有効活用が欠かせない。

3. 認証規格と消費者の意識のギャップ

　企業が飲食品のハラール性を担保するにあたって、豚由来物質の混入防止はもっとも重要視される事項のひとつで、豚の脂肪や DNA の有無をすばやく検出する検査技術も発達している。しかし、東南アジアの認証規格で要求されるハラール性を担保するためには、豚由来物質の混入を防止するだけではなく、原材料、道具、菌、酵素、触媒、培地、輸送手段や倉庫まで、あらゆる段階で交差汚染を防ぐ必要がある。清掃道具に豚毛のブラシが使われていないかどうか、機械に使う潤滑油の由来までチェックしたりすることもあるので、大変な手間がかかる。

　一方、ハラール認証を取得していない飲食品に対し、消費者が個人レベルでハラール性を判断する場合、そこまで厳密に過程をさかのぼることはもちろんできないし、そこまでする人もいない。基本的には、とにかく原材料として製品に含まれるものがハラール食材かどうかということが問われる。なかでも、とくに豚由来のものが混入されていないということが重要であるといってよいだろう。

4. 食品添加物とE番号

　意識の高い消費者が加工食品のハラール性を考えるとき、とくに注目するのは添加物である。E 番号あるいは E コードと呼ばれるものをご存じだろうか。これは EU で制定されたもので、各種の添加物に固有の番号をつけて表示をするものである。たとえば、グルタミン酸ナトリウムであれば E621 という番号が与えられており、食品包装の原材料表記にはこの番号を付記しなければならない。

　この E 番号が、2011 年頃にインドネシアで大問題になった。豚の脂肪を含んでい

るとされた E 番号のリストが、インターネットや口コミで出回ったのである。筆者がインドネシア語の公開 Web サイトで見つけることができたもっとも古い日付のものを次に紹介する（図 3.4）。

2010 年 9 月 3 日

(AWAS) INILAH KODE INTERNASIONAL PADA MAKANAN BERKEMAS MENGANDUNG BABI...

Posted on 3 September 2010 by Abdul Ghofur
⭐⭐⭐⭐ 🚫 44 Votes

（注意）これが豚を含む市販食品の国際コードだ...

Astaghfirullah barusan saya dapat email yang bunyinya kayak gini....

びっくり。さっきこんな E メールを受け取ったの。みんなに知らせて。

tolong disebarkan, untuk diketahui...!!
KODE BABI PADA MAKANAN BERKEMAS,Tolong di Forward ke saudara2 yang lain !!!!!!

包装食品についている豚のコード。ほかのみんなに転送して !!!!!!

Kode-kode di bawah ini, positif mengandung lemak babi: E100, E110, E120, E-140, E141, E153, E210, E213, E214, E216, E234, E252, E270, E280, E325, E326, E327, E337, E422, E430, E431, E432, E433, E434, E435, E436, E440, E470, E471, E472, E473, E474, E475, E476, E477, E478, E481, E482, E483, E491, E492, E494.

下記のコードは、豚の油脂を含んでいる：E 100、E110（後略）

〔出典：https://infotekkom.wordpress.com/2010/09/03/awas-inilah-kode-internasional-pada-makanan-berkemas-mengandung-babi/ （閲覧日 2012年1月10日）〕

◆ 図 3.4

これは 2010 年 9 月 3 日付の個人ブログで、ブログ主がメールで受けとった情報を紹介し、読者に情報を広めるよう呼びかけている。豚の油脂を含む物質のコードとして、50 個の E 番号が列挙されている。

さらに元情報をたどると、2008 年 1 月付でポストされた英語のサイト『HALAL CONSUMERISM』に行き着く（図 3.5）。食品の専門家である M. Amjad Khan 博士なる人物からの情報として、前述の E 番号のリストが掲載されている。リスト中のコンマの打ち方や、前後のスペースの有無という特徴をみても、インドネシアのリストがここからコピー＆ペーストされていったことがうかがえる。

実際のところ、この英

2008 年 1 月 4 日

HALAL CONSUMERISM
LIVING BY THE GOLDEN STANDARDS OF ISLAM

Why Pig Fat is not mentioned but code(s) are printed??

Update: I added another entry about E codes/numbers. See More about E-numbers from VRG

Update: Faraj left a insightful comment to this entry in which he pointed to this article:
https://www.vegsoc.org/pigs/enumbers.html.Thank you Faraj

Here is the most pertinent part in case you are in a hurry:

So, I request all MUSLIMS or non pork [meat] eaters to check the ingredients of the ITEMS of daily use and

Here is the most pertinent part in case you are in a hurry:

So, I request all MUSLIMS or non pork [meat] eaters to check the ingredients of the ITEMS of daily use and match it with the following list of E-CODES. If any of the ingredients listed below is found, try to avoid it, as it has got PIG FAT;

E100, E110, E120, E 140, E141, E153, E210, E213, E214, E216, E234, E252, E270, E280, E325, E326, E327, E334, E335, E336, E337, E422, E430, E431, E432, E433, E434, E435, E436, E440, E470, E471, E472, E473, E474, E475, E476, E477, E478, E481, E482, E483, E491, E492, E493, E494, E495, E542, E570, E572, E631, E635, E904.

The full email is below:

FW: Why Pig Fat is not mentioned but code(s) are printed?? read

Posted by: 'bisirore' bisirore
Fri Jan 4, 2008 11:37 am (PST)
PIG FAT by Dr. M. Amjad Khan

In nearly all the western countries including Europe, the PRIMARY choice for meat is PIG. There are a lot of farms in these countries to breed this animal. In France

インドネシアで噂の元になったと考えられる英語サイト。コメントには冷静な批判も多い。

〔出典：https://halalist.wordpress.com/2008/05/12/why-pig-fat-is-not-mentioned-but-codes-are-printed/ （閲覧日 2014年2月23日）〕

◆ 図 3.5

語サイトには早い段階から冷静な批判コメントがついており、これらの物質が、必ずしも豚の脂肪を含むとは限らないということが指摘されている。しかし、そのような情報は付帯せず、リストだけが流布してしまうのである。

5. 50のE番号の正体

表3.1は、このリストに挙げられた50種のE番号について、その物質名とともに、リアズ＆チョードリー（Riaz&Chaudry）が2004年に著した『Halal Food Production（ハラール食品製造）』およびインドネシアのハラール認証機関MUIの作成した認証規格『HAS23201 Requirements of Halal Food Material（ハラール食品原材料の要件）』に挙げられている情報を突き合わせたものである[3]。

これらの物質は、リアズ＆チョードリーのリストでは、「疑わしい」あるいは「ハラール」とされている。MUIは、このうち48種について、ハラール認証を取得するための条件を挙げている。つまり、原材料や助剤などの条件さえ満たせばハラール認証を取得することが可能な物質であり、すべてが無条件に豚の脂肪を含んでいるわけではないことは明らかである。非常に信憑性に欠けるリストであるといわざるをえない。

6. E番号をめぐる風評被害

しかし、このリストは、さまざまなかたちでインドネシア人のムスリムの間に広がっていった。2011年、ユニリーバ社のアイスクリーム「MAGNUM」は、このために風評被害にあった。MUIの認証を取得していたにもかかわらず、原材料表示に乳化剤E472とあったため、豚を含んでいるという噂が広まったのである。もちろんユニリーバ社もMUIも、これを否定する声明を出し、事態はある程度収まった。けれども、E番号をめぐる風評は完全に消えたわけではなかった。2012年、筆者がジャカルタで一般消費者から聞きとり調査をした際、豚を含むE番号のことを知人に教えてもらったが、具体的な番号は覚えていないのでとにかくE番号が書いてあるものは避

---

[3] E番号をはじめ、本章でとりあげたインドネシアのムスリム消費者のハラール認識や諸問題については、阿良田編『文化を食べる、文化を飲む』（2017、ドメス出版）所収の阿良田論文（115-138頁）で詳しく扱っている。表3.1は同書134頁からの再録である。

◆ 表 3.1　E 番号で表された食品添加物とそのハラール性（阿良田 2017 より再録）

風評のもととなったと考えられる Khan のリスト、Riaz & Chaudry（2004）、認証規格の比較

Khanのリスト　（Abdul Ghofurのブログ「（注意）これが豚を含む包装食品の国際記号だ」より
ブログの日付：2010年9月3日、閲覧日：2012年1月10日）
http://infotekkom.wordpress.com/2010/09/03/awas-inilah-kodEinternasional-pada-makanan-berkemas-mengandung-babi/

Riaz, Mian and Muhammad Chaudry 2004 "Halal Food Production" Florida: CRC Press.

インドネシアのハラール認証規格HAS23201では、下記の必須管理点（Critical point）さえ
クリアできればハラールとされている（LPPOM MUI 2012）

E番号	Khan	Riaz&Chaudry	HAS23201	日本語（HAS23201 からの和訳。同書に記載がないものは Riaz&Chaudry(2004) を参照した）
E100	豚の脂肪	ハラール	溶剤、添加物	クルクミン / ウコン
E110	豚の脂肪	ハラール	加工助材	サンセットイエロー FCF/ オレンジイエロー S（食用黄色５号）
E120	豚の脂肪	疑わしい	加工助材、増量剤	コチニール / カルミン酸
E140	豚の脂肪	ハラール	添加物、加工助材	クロロフィル
E141	豚の脂肪	ハラール	加工助材	クロロフィルの銅化合物
E153	豚の脂肪	ハラール	記載なし	植物性炭素 (Riaz&Chaudry 2004:p.315)
E210	豚の脂肪	ハラール	加工助材	安息香酸
E213	豚の脂肪	ハラール	加工助材	安息香酸カルシウム
E214	豚の脂肪	ハラール	加工助材	4- ヒドロオキシ安息香酸エチル
E216	豚の脂肪	ハラール	加工助材	4- ヒドロオキシ安息香酸プロピル
E234	豚の脂肪	ハラール	発酵培地	ナイシン
E252	豚の脂肪	ハラール	加工助材	硝酸カリウム
E270	豚の脂肪	ハラール	発酵培地	乳酸
E280	豚の脂肪	ハラール	発酵培地	プロピオン酸
E325	豚の脂肪	ハラール	加工助材	乳酸ナトリウム
E326	豚の脂肪	ハラール	加工助材	乳酸カリウム
E327	豚の脂肪	ハラール	加工助材	乳酸カルシウム
E337	豚の脂肪	ハラール	加工助材	酒石酸カリウムナトリウム
E422	豚の脂肪	疑わしい	加工助材、原材料、発酵培地	グリセロール
E430	豚の脂肪	疑わしい	ステアリン酸の原材料	ポリオキシエタン (8) ステアレート
E431	豚の脂肪	疑わしい	ステアリン酸の原材料	ポリオキシエタン (40) ステアレート
E432	豚の脂肪	疑わしい	ソルビトールとラウリン酸の原材料	ポリオキシエタン (20) ソルビタンモノラウレート / ポリソルベート 20
E433	豚の脂肪	疑わしい	ソルビトールとオレイン酸の原材料	ポリオキシエタン (20) ソルビタンモノオレート / ポリソルベート 80
E434	豚の脂肪	疑わしい	ソルビトールとパルミチン酸の原材料	ポリオキシエタン (20) ソルビタンモノパルミテート / ポリソルベート 40
E435	豚の脂肪	疑わしい	ソルビトールとステアリン酸の原材料	ポリオキシエタン (20) ソルビタンモノステアレート / ポリソルベート 60
E436	豚の脂肪	疑わしい	ソルビトールとステアリン酸の原材料	ポリオキシエタン (20) ソルビタントリステアレート / ポリソルベート 65
E440	豚の脂肪	ハラール	抽出剤	a. ペクチン　b. アミド化ペクチン類
E470	豚の脂肪	疑わしい	脂肪酸の原材料	脂肪酸のナトリウム、カリウム、カルシウム塩
E471	豚の脂肪	疑わしい	脂肪酸の原料と、加水分解の触媒	脂肪酸のモノおよびジグリセリド
E472	豚の脂肪	疑わしい	油脂の由来	脂肪酸のモノおよびジグリセリド由来の各種のエステル
E473	豚の脂肪	疑わしい	油脂の由来	脂肪酸のショ糖エステル
E474	豚の脂肪	疑わしい	油脂の由来	スクログリセリド
E475	豚の脂肪	疑わしい	油脂の由来	脂肪酸のポリグリセロールエステル
E476	豚の脂肪	疑わしい	グリセロールの由来、加工助材	ヒマシ油の多環縮合エステルのポリグリセロールエステル
E477	豚の脂肪	疑わしい	油脂の由来	脂肪酸のプロパン -1,2- ジオールエステル類
E478	豚の脂肪	疑わしい	油脂の由来、加工助材	グリセロールおよびプロパン -1,2- ジオールのラクチル化脂肪酸エステル
E481	豚の脂肪	疑わしい	油脂の由来	ステアロイル -2- 乳酸ナトリウム
E482	豚の脂肪	疑わしい	油脂の由来	ステアロイル -2- 乳酸カルシウム
E483	豚の脂肪	疑わしい	油脂の由来	酒石酸ステアリル
E491	豚の脂肪	疑わしい	油脂およびソルビトールの由来	ソルビタンモノステアレート
E492	豚の脂肪	疑わしい	油脂およびソルビトールの由来	ソルビタントリステアレート
E493	豚の脂肪	疑わしい	油脂およびソルビトールの由来	ソルビタンモノラウレート
E494	豚の脂肪	疑わしい	油脂およびソルビトールの由来	ソルビタンモノオレート
E495	豚の脂肪	疑わしい	油脂およびソルビトールの由来	ソルビタンモノパルミテート
E542	豚の脂肪	疑わしい	骨の由来と屠畜方法	食用の骨のリン酸塩
E570	豚の脂肪	疑わしい	油脂の由来	ステアリン酸
E572	豚の脂肪	疑わしい	ステアリン酸の由来	マグネシウムステアレート
E631	豚の脂肪	ハラール	発酵培地、加工助材	イノシン酸ナトリウム
E635	豚の脂肪	ハラール	発酵培地、加工助材	5- リボヌクレオチドナトリウム
E904	豚の脂肪	疑わしい	記載なし	シェラック (Riaz&Chaudry 2004:p.326)

けるようにしているという人や、外国製のチョコレートのレシチンは豚を含んでいると聞いたので食べないようにしているという人がいた。

そして 2013 年、またもや問題は再燃した。MUI からハラール認証を取得したインスタントコーヒーの包装に E471 と E472 と表示があったことについて、Khan のリストにもとづいて豚が入っているとする風評が、スマートフォンのメッセンジャーサービスである「ブラックベリーメッセンジャー（BBM）」を経由して駆け巡った。さらにその騒ぎがシンドニュースという Web 上のニュースサイトで報じられた。記事のなかで、シンドニュースの記者は、「食品医薬品監督庁（B-POM）」に事の真偽を問い合わせたが、いまだ回答が得られていないとしている。「食品医薬品監督庁」はインドネシアに流通する包装食品の監督を行う公的機関であるが、本来ハラール認証はその管轄ではないので、すぐに回答がでないのも当然である。しかし、そのように書かれると、なんだか怪しさが増すような気になるのではないだろうか。

7. 情報戦略の重要性

ここまでの事例からもわかるように、ハラール認証をとっていてもリスクを完全に回避できるわけではない。よって、風評を防ぎ、被害を最小限とどめるためには、消費者が求める情報をわかりやすく積極的に公開しておく必要がある。E471 や E472 という番号で示される乳化剤が、牛や羊などのハラールな動物に由来したものである、あるいは大豆のような植物に由来したものであるという情報が、最初からわかりやすく開示されていれば、製品に豚の脂肪が含まれているという誤解がこれほど広がることはなかったであろう。また、誤解が生まれそうになったとき、消費者が事の真偽を直接確認できるチャンネルを企業側が確保しておくことも有効であろう。

序章で述べた味の素の事例と合わせ、インドネシア人消費者にとって、うま味調味料や添加物がいかに高リスクなものとして意識されているか、おわかりいただけただろうか。しかし消費者レベルで強く意識されているのは、一次的な原材料のなかに、豚に由来する物質が含まれているかどうかということであり、認証の際に問われるような厳密な交差汚染の防止とはまったく異なる話である。

日本在住のインドネシア人ムスリムのなかには、日本製の加工食品のハラール性を各自で判断し、スマートフォンのアプリなどを通して情報をシェアしている人たちがいる。そのときの判断基準になるのは、原材料である食材が何由来のものであるかと

いうことであって、高度な加工によってつくられた添加物であっても、包装に「乳化剤（大豆レシチン）」などと明記されていれば、植物性だからハラールだと判断するのが一般的である。また、もとになった物質が植物性か動物性かわからないような加工食材については、その原材料をメーカーに問い合わせることもあるが、認証制度のように食材の製造過程の詳細までを問うことはない。

　つまり、日本を訪れて加工食品の購入に迷うムスリムに対しては、まずは原材料表示をしっかりすること、そして添加物を用いる場合は、さらにその物質の原材料についての情報を提示することが有効にはたらくといえる。

きなこクリームクッキー
Kinako Cream Cookies
(roasted soy bean cream)

原材料名　小麦粉、バター、植物油脂、牛乳、加糖練乳乳、砂糖、きなこ(大豆)、乳化剤(大豆レシチン)、着色料(ウコン色素)

原材料の情報をきちんと提示することが大切

⑤ アルコール：ハムルをどこまで認めるか

　本節では、アルコールに対する態度を概観する。アルコール飲料（ハムル）を飲むこと、ハムルを調味料として使用すること、酒精を添加物として使用すること、伝統的発酵食品に含まれる低濃度のアルコール、ハムル由来ではない合成アルコールによる消毒、認証制度におけるアルコールの扱いなどをみていく。

1. 飲酒

　第1章でも述べたように、イスラームの初期には飲酒は禁じられておらず、後期にかけて徐々に厳しくなっていった経緯もある。豚や死肉に対する禁忌に比べ、啓示のなかの酒に対する禁忌はそれほど明確ではない。そのため、ほとんどのムスリムが豚に対して強い忌避感を示す一方で、アルコールに対する忌避と許容の程度には、地域によっても人によっても、非常に大きな幅がみられる。

　たとえば、インドネシアでは、酔って乱れない程度に酒をたしなむムスリムは、多数派とはいえないが、珍しい存在でもない。筆者の知人・友人のなかにも、非ムスリムとの付き合いのために、あるいは単なる好奇心や嗜好のために、飲酒を行う人は一人ならずいる。そのような人たちは、「クルアーンには酔っぱらってはいけないと書いてあるのであって、酒を飲んではいけないとは書いてない」などといったりする。

　伝説によれば、ハナフィー学派の開祖であるアブー＝ハニーファ師は、ブドウやナツメヤシからつくった酒でなければ、すなわちハチミツや大麦でつくった酒であれば、酔わない程度にならば飲んでもよいとしたと言い伝えられている。その解釈に従えば、ビールや日本酒をたしなむ程度に飲むことは許されるという考え方もできなくはない。2017年には、エジプトの有名なシェイフ（イスラーム知識人）がビールをハラールだといったというフェイクニュース（嘘のニュース）が伝えられ、世界を騒然とさせた。フェイクであっても、ニュースが広がったこと自体が、そういった言説をつい信じてしまう要因の存在を暗示している。

　しかし、アル・カラダーウィーは、ブドウとナツメヤシだけではなく、どのような原料からつくったとしても、酩酊性をもつアルコール飲料（ハムル）はすべてハラームであり、たとえ微量でもそれを加えた飲食物はハラームであるとしている。ハムルを飲むことはもちろん、ハムルを飲む人と同席することも許されない。現在のハナフィー学派も、アル・カラダーウィーと同様の見解を示している。

2. ハラール認証におけるアルコールの扱い

　主要なハラール認証規格はいずれも、原料が何であれ、酩酊性をもつ飲料としてつくられたものはすべてハムルとしている。飲食物にハムルやハムル由来のアルコールを一滴でも加えてしまうと、もうハラール認証をとることはできない。また、レスト

◆写真 3.3　黒いモチ米のタペに
アイスクリームを添えたもの

ランなど外食施設がハラール認証を取得しようと
する場合、店内にハムルを持ち込むこともハムル
を提供することも一切許されない。

　しかし、インドネシア MUI のハラール認証規
格では、化学合成によって得られた合成エタノー
ルについては、これを溶剤としてフレーバーを
抽出することを認めている。抽出後のフレーバー
に残るエタノールが 1% 以内であれば、これを加
工食品に加えてもよく、最終的な製品に残るエタ
ノールが検査で検出されない程度（約 0.1% 未満）

であれば、製品はハラール認証を受けることができる。また化学合成エタノールを、
生産ラインや人体の殺菌に用いることも認めている。

　また、少しでもアルコール分を含む飲食物がすべて禁止されているわけでもない。
伝統的な発酵食品のなかに、自然の発酵によって低濃度のアルコールが生じたものは、
ハラールであるとされている。インドネシアやマレーシアの伝統食品に、もち米や
キャッサバを甘く発酵させたタペイあるいはタペと呼ばれる食品がある（写真 3.3）。
これらは 2 ～ 3%程度のアルコールを含むこともあるが、ハラールなものとしてその
まま食べられている。

　実のところ、まったく発酵していない天然の果汁でも、自然に低濃度のアルコール
を含んでいる。あまり厳密にしすぎると食べるものがなくなってしまう。ハラームな
ものをハラールと偽ってはもちろんいけないが、イスラームにおいては、ハラールな
ものを勝手にハラームとすることも許されていないのである。

3. 外用のアルコール使用

　東南アジアのムスリム消費者でいうならば、消毒用のアルコールを人体・調理器具・
食器・食具などの殺菌に用いることを問題にすることはほとんどないだろう。ただし、
消毒用アルコールの使用についてとくに意識していない人でも、実際に使っているこ
とがわかると嫌がる可能性もある。その場合の対策としては、食べ物にふれる前にア
ルコールをよく蒸発させること、アルコール消毒後に水でさっと洗い流すことなどが
考えられる。また、アルコールに代わる人体に無害な消毒液も開発されつつあるので、

徐々にそういった製品に切り替えていくのもよいだろう。

4. 調味料としてのハムルの使用

ハムルを飲むということに対して強い抵抗を示し、絶対に飲酒はしないという人でも、料理の風味づけのために少量のハムルを加えることは問題ないと考える場合もある。サヴァランやウイスキーボンボンのようにアルコール飲料がそのまま残っているものは食べないが、ケーキの種に洋酒で風味づけをしたり、中国料理に紹興酒を使ったり、日本料理にみりんや酒を使ったりしても、調理の過程でアルコールが蒸発したり、薄まったりすれば、最終的な飲食物は、どんなに多量に飲食しても酩酊を引き起こすことはない。そのような飲食物であればハラールだと考えるのである。

インドネシア人のムスリムの場合、このように考える人はかなり多く、ムスリムの料理人でも、ハムルを用いて調理をしている人は珍しくない。しかし、すでに述べたように、一滴でもハムルを加えると、ハラール認証は取得できないし、こういった食べ物を外食施設から排斥しようとする傾向は、年々強くなってきている。

5. 発酵調味料の使用（味噌・醤油・酢）

ハラールを扱った報道で、醤油や味噌や酢は発酵の過程でアルコールが生じるのでムスリムは食べられないなどと決めつけてしまう例をみる。これは間違いである。

酢は、預言者ムハンマドが最高の調味料と褒めたたえたとハディースに伝えられている。食品製造の知識のあまりない人は、醸造酢の製造中にアルコールを生じるという点を気にするかもしれないが、酢というものはすべて途中段階でアルコールを生じる。ハムルとして醸したものをさらに発酵させて酢にすることは許されないが、最初から酢をつくる意図をもって発酵をはじめ、完全に酢酸になるまで発酵させるならば、途中でアルコールになっても問題はない。ハラール認証取得も可能である。

東南アジアのように発酵調味料になじみのある地域の人は、通常、醤油や味噌を使うことは問題ないと考える。味噌や醤油は、たとえ自然に生じたアルコール分を含んでいても、酩酊状態になるほど大量に食べたり飲んだりすることのできないものであるから、本来はハムルではない。自然発酵によって生じたアルコールの濃度が高くなければ、ハラール認証をとることも可能である。とはいえ、発酵調味料になじみのな

い国では、アルコールが検出されないことを流通の条件にすることがある。

　ただし、安価な醤油や味噌の多くは、ガスの発生と雑菌の繁殖を防ぐため、酒由来のアルコール（酒精）を添加してある。ハムルを厳密に避けるムスリムは、このような調味料を使った料理も避ける。しかし、酒精を添加した味噌や醤油を使った料理も、別に気にせず食べるという人も少なくない。含有アルコール自体も低濃度で味噌や醤油そのものに酩酊性もなく、使う量も少量で、できあがった料理はどれほど食べても酔うようなものではない。そのようなものはハラールだと考えるのである。

　相手の考えも聞かずに、発酵しているからといって、味噌・醤油・酢・マヨネーズなどをすべて除去してしまうようなやり方は過剰防衛であり、おすすめできない。

6. 信仰とハムル

　ハムルを厳密に避ける態度と信仰の篤さは、相関関係にあるわけではない。とはいえ、禁忌を厳しく解釈し、ハムルを徹底的に避ける人は、確かにそういった実践を信仰の篤さと関連づける傾向がある。以前はあまり気にしていなかったが、イスラームを深く学ぶにつれて、酒の禁忌について意識し、実践するようになったと語るのである。そういった言説を理解するには、ここ数十年の間にイスラーム社会のあちこちで起こっている社会変化を理解する必要がある。

　たとえばインドネシアは近年著しい経済成長を遂げ、急増する新中間層が新しい消費スタイルを享受している。そのなかで、イスラーム的価値観を再評価する「再イスラーム化」と呼ばれる現象が起こっている[4]。1990年代には、国立大学の学生を中心に「キャンパス・ダアワ」と呼ばれる運動が盛んになり、クルアーンやハディースに立ち返ってイスラームを学び、戒律を守って、社会改革をめざそうとする動きが強まった。多くの女性がヴェールを被るようになり、ムスリムファッション、イスラーム金融、イスラームをテーマにした映画やドラマや音楽、ハラール認証取得済みの飲食品・化粧品・トイレタリー・外食施設といったものが充実してきている。

---

[4]　インドネシアにおける再イスラーム化については、野中葉『インドネシアのムスリムファッション─なぜイスラームの女性たちのヴェールはカラフルになったのか』（2015、福村出版）、見市建『インドネシア─イスラーム主義のゆくえ』（2004、平凡社選書）、倉沢愛子『インドネシア イスラームの覚醒』（2006、洋泉社）などを参照されたい。

アルコールに対する
考えは人それぞれ。
対応は臨機応変に！

そのような流れにのった人の生き方を時系列に沿ってみるならば、確かに、ムスリムとしての意識が高まり、イスラームを学んだ結果、礼拝や断食をまじめに行うようになり、服装を改めるとともに、酒の禁忌への意識も高まり、飲酒をしないだけではなく、調味料としてのハムルの使用も避けるようになるという道筋が見えてくる。

しかし、では信仰の篤い人はすべてハムルを厳密に避けるかというと、そうではない。宗教的なリーダーとして崇敬される方を天ぷらの専門店にお連れしたときも、抹茶塩を用意したにもかかわらず、こだわりなく天つゆを使って召し上がっていた。モスクの世話役を務め、毎日欠かさず礼拝に通っている男性がレストランでの会食でビールを注文することもあるし、日頃からスカーフを被って生活しているムスリム女性が日本人との懇親会でお酒を味見することもある。ハムルを一滴も許容しない人と比べて、このような人々の信仰が弱いわけではない。

宗教的行為の実践のなかで何を重要と考えるか、非ムスリムが多数派を占める社会でムスリムとして生きるとき、どこにこだわり、どこに柔軟性をもたせるか、その判断は一人一人のムスリムが自ら行うものである。

以上、アルコールに対する態度の多様性をみてきた。一滴の添加も認めない人から、酒精を添加した調味料の使用程度なら気にしない人、調味料として少量のハムルを使用する程度ならかまわないとする人、酔わない程度の飲酒は問題ないと考える人、人それぞれである。

第4章

ムスリム観光客の
受け入れに向けた
飲食サービス

本章では、外食・中食を中心に、ハラール認証に頼りすぎないムスリム対応の具体的な方策について提言する。容器包装食品にもある程度応用できるだろう。まずは第1節で、試行錯誤で対応レベルを上げることについて述べる。第2節では営業形態や商品を変えず、表示方法の工夫で消費者自身に取捨選択してもらう方法、第3節ではビュッフェなどで豚や肉の入った食品とそれ以外のものを分離する方法を紹介する。第4節では、一部の食材や惣菜にハラール認証品を利用することで、より幅広い層に受け入れられる商品やサービスを開発する方法、第5節では、ムスリムスタッフの雇用と情報開示の方法のアイデアを扱う。

1 試行錯誤で対応していく

　念のため再度確認しておくが、筆者はハラール認証という制度そのものに反対の立場ではない。それは、現代の複雑な加工や流通を経た食品に対するムスリムの不安を払拭するためには必要なものであるし、緻密な規格を掲げて認証に携わっている各種団体や、その専門家の皆様には最大限の敬意を払っている。本章の狙いは認証に物申すということではない。また、すでに認証を取得した企業や、認証に準じるかたちで細かい点にまで気を配ってハラール性を確保してムスリム対応にあたっている方々の努力を軽視するものでもない。そのようなサービスやモノを求めているムスリム消費者は実際におり、認証はムスリム対応の全体像のなかで重要な役割を果たしている。

　しかし、たとえ認証推進派のムスリムでも、認証を取得したものしか飲食できないなどということはありえない。認証の重要性をあまり強調しすぎると、ハードルが高くなりすぎて、一般の人々がムスリム対応そのものを諦めてしまうという結果につながりかねない。また、多様なハラール解釈のすべてに対応するべく、最大公約数を求めようとすると、過剰防衛になってしまい、逆にだれのニーズにもマッチしないという状況も起こりうる。最初から完璧なハラール対応をしてからムスリムをおもてなしするというのではなく、まずはすぐにできることからはじめて、実際のムスリム消費者とのやりとりのなかから学びを深め、対応できるスキルを上げていこうというのが本書の提案である。

　東南アジア社会では、はるか昔から多宗教が共生し、日常レベルでさまざまな宗教

禁忌に対応する素養は十分にできていた。ハラール認証は、そこで起こった近代的な問題をいくつも乗り越えながら徐々に発展してきたものである。その先陣を切るマレーシアやインドネシアでも、加工飲食品や添加物を製造する大企業・国際企業による認証取得の流れが、ようやく中小企業にも波及してきた段階である。外食施設でハ

❶ハラール先進国のモデル

ハラール認証レストラン（酒類提供なし）

完全ハラールキッチン
（フロアでは酒類提供あり）

ハラール認証品と
生鮮食材のみを使った食べ物

ハラール認証食材

ハラール肉使用、実質ハラールの食べ物

豚抜き・アルコール抜きの食べ物

豚抜きの食べ物

人々のハラールに対する理解

❷現在、日本のムスリム対応で強調されているポイント

ハラール認証レストラン（酒類提供なし）

完全ハラールキッチン
（フロアでは酒類提供あり）

ハラール認証品と
生鮮食材のみを使った食べ物

ハラール認証食材

ハラール肉使用、実質ハラールの食べ物

豚抜き・アルコール抜きの食べ物

豚抜きの食べ物

人々のハラールに対する理解

❸ハラール後進国日本のめざすべき戦略

ハラール認証レストラン（酒類提供なし）

完全ハラールキッチン
（フロアでは酒類提供あり）

ハラール認証品と
生鮮食材のみを使った食べ物

ハラール認証食材

ハラール肉使用、実質ハラールの食べ物

豚抜き・アルコール抜きの食べ物

豚抜きの食べ物

人々のハラールに対する理解

◆図4.1

ラール認証を取得しているのも、多くの支店をもつファストフード店やレストラン
チェーンが中心で、すべての外食施設が認証レベルの対応をしているわけでもない（図
4.1 ❶）。

　このようなハラール先進国のモデルから最先端のハラール認証だけをとり上げて、
いきなり日本社会に当てはめようとしても無理がある（図4.1 ❷）。日本人の多くは、
ムスリムやハラールについて学びはじめたばかりだ。まずはベースとなるべき人々の
ハラールやムスリムに対する理解を広げていく必要がある（図4.1 ❸）。ごく普通の
人々がムスリムのニーズに理解を示し、日常の業務のなかでちょっとしたひと工夫を
する。これだけでムスリム対応の裾野を今よりもはるかに広げることができる。とり
あえず、ごく初歩的なレベルからはじめ、徐々に宗教禁忌対応のレベルを上げていく
という方法もある。そのノウハウとアイデアをわかち合うことが本章のめざすところ
である。

　本書で述べることが唯一の解決策であるというつもりはない。ハラールの問題は、
考えれば考えるほど奥が深く、学べば学ぶほどわからないということがわかってくる。
また、今後ハラールをめぐる世界の状況に変化があれば、もちろん柔軟に対応を変え
ていく必要があるだろう。さまざまな立場の人々が、それぞれに工夫し、試行錯誤を
重ねながら、ムスリム消費者のニーズを探り出し、それぞれの商品やサービスを改良
していけばよい。それが、日本全体のムスリム対応を充実させることにつながる。

❷ すぐにできること：表示の工夫

　まずは今すぐにできることから紹介していこう。提供する食べ物を変えるのではな
く、表示法を変えるのである。今現在、同じ施設内で豚料理を出していても、料理に
酒やみりんを使っていても、それはとりあえずそのままにしておく。それぞれの飲食
物に使用している食材について、宗教的タブーをもつ消費者にとって必要な情報をわ
かりやすく開示する。そうして、顧客自身に、食べるかどうか、食べるなら何を食べ
るか選んでもらう。

　本節の第1項から第3項では、肉やアレルギー物質、アルコールを含めた要注意
食材について、使用しているものを表示する方法の注意点を述べ、第4項では表示に

用いる言語とピクトグラムを扱う。第5項では、逆に要注意食材を使用していないことを表す「〜フリー」表示について説明する。第6項では、それまでの議論を踏まえ、容器包装食品の情報開示について考える。どのような表示法を選ぶかは、営業業態や顧客の層、扱っている食材や料理の種類によって判断していただきたい。

1. 肉の情報を表示する

　宗教的禁忌をもつ人が外食の際にもっとも困るのは、メニューに書いてない豚や肉が料理に入っていることである。注文時に肉が入ってないことを確認したり、肉抜きでとお願いしたにもかかわらず、ベーコンやハムの入った料理が出てきたという話もある。飲食業界の人であれば食材に対する意識は普通の人よりも高いはずだが、それでもアルバイトに至るまで教育を徹底するのは難しい。しかしメニューに明記してあれば、注意深い客は自分で選ぶことができる。

　豚肉の生姜焼きのような料理であれば、普通のメニューを見ても豚であることはわかる。しかし、ハムが入ったポテトサラダ、ポークエキスを使用した野菜カレー、ラードで揚げた天ぷらのようなものはわからない。メニューを見れば、こういったものがすぐにわかるようにしておくのである。肉がほんの少ししか入っていないのに「豚肉」と表示するのは、偽りありという気がするかもしれない。しかし、客が求める情報には大きく次の2つの種類があることを意識する必要がある。

A（メニュー情報）：「鶏のから揚げ」「焼き魚」「牛肉のシチュー」「ポテトサラダ」などのように、主な食材がどのようなもので、それをどのように調理したものかという情報。

B（材料表示）：少量のものも含めて、使用したすべての材料の情報。

　Aは嗜好に合わせて料理を選ぶための情報である。Aの観点からいえば、ごちゃごちゃと細かい情報が書かれているとむしろわかりにくいし、ごく少量しか使っていない食べ物まで表記すると過大広告や偽装表示につながりかねない。一方、Bは、アレルギーや宗教的禁忌のために、たとえ少量でもそれが含まれていたら食べられない人のための情報である。Bの観点からは細かい情報がどうしても必要なのである。容器包装食品では、原材料として含んでいなくても、重篤な症状を引き起こす可能性の

カツサンド
Pork Cutlet Sandwich
900円

dessert デザート

オレンジゼリー 300円
Orange Jelly (gelatin)

どらやき 350円
Dorayaki (Bean-jam pancake)

高いものについては、「本品はそばを含む商品と共通の設備で製造しています」などと表示して、製造工程での交差汚染の可能性に言及する場合もある。

つまり、AとBの観点をはっきり区別して表示する必要があるということだ。Aの情報だけを求めている人はB抜きでAだけを見られるように、そしてAB両方を求める人はAと関連づけてBが手に入るようにしておく。

ムスリム対応のもっとも初歩的な対策は、とにかく豚の有無をBの観点からメニューに明示することである。たとえ少量でも豚由来の材料が入った食品には、豚を使用していることを明示する。豚肉そのものでできたベーコンやハム、豚が入っていることが明確な合挽肉はもちろん、豚の脂肪そのものであるラードや背脂、豚骨からとったスープやポークエキス、こういったものを使った場合は、すべて豚を使用していることを明記する。加工食品なら包装の表側に、飲食店ならメニューの横にでも表示されていればわかりやすい。

豚だけではなく、肉はすべて、イスラームだけではなくさまざまな宗教で禁忌と強くかかわってくるので、牛・鶏・その他の肉についても豚と同様に表示するほうがよい。英語では、四足動物の肉であるミート（meat）と区別して、ニワトリやアヒルなどの家禽やその肉をポウルトリー（poultry）と呼ぶ。ムスリムのなかにも、四足獣の肉と家禽肉を区別して、獣肉は屠畜方法にこだわるが、家禽肉はあまり気にしないという人もいる。

この段階では、とりあえず、動物由来かどうかも豚由来かどうかもわからない添加物や、キャリーオーバー[1]のことまでは考えなくてよい。ただし、ゼラチンは要注意

1　食品の原材料に含まれる添加物で、その原材料を使ってつくった食品にはごく微量しか含まれず、添加物としての効果が出ないため、法律で表示を免除されているもの。

で、日本国内で流通するゼラチンは豚由来のものがほとんどらしい。気にする人も増えてきているので、ゼラチンを使った場合は「ゼラチン使用」と明記しておくほうがよいだろう。もし魚由来のゼラチンやハラールゼラチンを使っている場合はそのように表記してもよい。

2. アレルギー食材と併せて表示する

容器包装食品に含まれるアレルギー物質については表示義務が厳しくなり、対応が進んでいる。2017年4月から施行された「食品表示法」では、発症数が多かったり、重篤度が高かったりする乳・卵・えび・かに・小麦・そば・落花生の7品目は、表示義務のある「特定原材料」となっている[2]。そして、このような食品については、外食業界でも表示を行うようになってきている。

アレルゲン表示は必要なことであり、また歓迎すべきことである。しかし、実はこれは日本事情に明るくない外国人旅行者にとっては深刻な誤解につながりかねない。7品目の表示があることで、それ以外の食材についても表示がしてあることを期待してしまうのである。とくに宗教的な禁忌の存在を当然のこととしている社会からきた人々にとっては紛らわしい。外国人顧客をターゲットにした外食施設でアレルゲン表示をするのであれば、ぜひ拡大的に肉の表示も加えてほしい。

数年前のことだが、国際シンポジウムに招いたムスリムのゲストから次の話を聞いた。ホテルの朝食ビュッフェで、卵・えび・かに・小麦などの使用がピクトグラムで表示されていた（ピクトグラムの使用については97〜98頁を参照のこと）。ところが、何の表示もなく「Vegetable soup（野菜スープ）」と書いてあるスープにベーコンが浮かんでいてショックを受けたという。筆者も驚いたが、「日本では野菜スープとは野菜がたっぷり入っているスープのことで、ヴェジタリアン向けとは限らない」と説明をした。しかし、ごく少量の卵や小麦まで丁寧に表示してあるのだから、当然、豚も表示してあるだろうと彼が誤解をしたのも無理はない。

---

2 食品表示法では、豚も特定原材料に準ずる20品目に入っている。20品目とは、牛肉・鶏肉・豚肉・ゼラチン・さけ・さば・いか・あわび・いくら・大豆・くるみ・カシューナッツ・ごま・オレンジ・キウイフルーツ・もも・りんご・バナナ・やまいも・まつたけである。しかし、これらの表示は義務ではなく、推奨されているだけである。

「野菜スープ」なのにベーコンを使っているの！？

野菜スープ
Vegetable soup

 小麦 wheat　 乳 Milk　 卵 Egg

　豚は、禁忌という観点からは、世界的にみてももっとも食べられない人の多い食材であり、ムスリムに限らず、ユダヤ教徒や大多数のヒンドゥー教徒も食べないのだから、微量でも入っているのであれば、必ず表示すべきである。

3. 表を使って表示する

　試みとして、食品表示法で定められたアレルゲン 27 品目に、宗教的な禁忌食材を組み合わせて、分類し、整理してみた（表 4.1）。使用頻度の高い食品だけを選んで表示してもよいだろう（101 頁イラスト参照）。業態に合わせてそれぞれアレンジして使っていただきたい。メニューにこの表をつけて、使用食材にしるしをつけていけばよい。表になっていると、何が表示され何が表示されていないかもわかるので、表示されていない食材で気になるものがあれば、店員にたずねればよい。まずはこれだけの情報が開示されていれば、たずねたり答えたりする手間暇は互いに相当省ける。
　しるしのつけ方は、使っている食材にチェックマーク（✓）をし、あとは空欄にし

◆表 4.1　主要な禁忌・アレルギー食材を表示するための表（試案）

動物性食品　animal food			
卵 * egg*	えび * shrimp/prawn*		
乳・乳製品 * dairy*	かに * crab*		
	いか squid/cattlefish		
ゼラチン gelatin	さば mackerel		
	さけ salmon		
牛肉 beef	いくら salmon roe		
豚肉 pork	あわび abalone		
鶏肉 chiken			
その他肉 other meat	その他魚介類 other seafood		

植物性食品　plant food			
そば * buchwheat*	落花生 * peanut*
小麦 * wheat*	くるみ walnut
その他穀類 other cereal	カシューナッツ kashewnut
	その他ナッツ othe nut
りんご apple	
もも peach	やまいも yam
キウイフルーツ kiwifruit	大豆 soy bean
バナナ banana	ごま sesame
オレンジ orange	まつたけ matsutake mushroom (Tricholoma matsutake)
その他果物 other fruit	

＊特定原材料（7種の主要なアレルギー食材）＊seven major food materials that may cause alergy

1％以上のアルコールを含む　contains more than 1% of alcohol
原材料としてアルコール飲料を使用　usage of alcholic drink as material

ておくことをおすすめする。○×表示は国際的とはいえず、意味が通じない人が意外に多い。○は使用あり、×は不使用と考える人もいれば、逆に×が使用で○は不使用と考える人もいる。セルに色をつけたり、色の濃淡で表す方法もあるが、同様に誤解を生む可能性があるので、必ず凡例をつけて色分けの意味を明記する。色覚異常の人にも読みやすいよう、白黒にしてもはっきり区別できるかチェックしておこう。

　この試案では、詳細な食品名だけではなく、その他の肉・魚介類・穀類・ナッツとアルコールについての項目を加えてみた。これを参考に、業態に合わせて、項目を増やしたり減らしたりして使っていただければと思う。

　その他の肉、その他の魚介類、その他の穀類、その他のナッツという項目を立てた理由は、アレルギーや禁忌という点からみて、表で明示されているもの以外にも気に

なる食品をもつ人が少なからずいるからである³。オイスターソース・魚醤・ちりめんじゃこ・いか・たこ・貝など、表内で個別に明示されているもの以外の魚介類を少しでも使ったものには「その他の魚介類」にチェックを入れておく。ざっくりとした情報だけでもわかれば、気になる食材がある人は、注文を避けるか、さらに詳細を店員にたずねることができる。たとえば、いかを原材料にした「いしる（能登の魚醤）」を使った料理には、「その他の魚介類」のチェックをしておく。いかや貝を避けたい人にとっては、これが重要な情報になる。もちろん、いかやたこや貝が頻出する海鮮料理専門店であれば、基本の表のなかにその項目を立てておいてもよい。

　アルコールについては、上下２つの項目を立てた。ムスリム以外の消費者や、調味料としての酒を気にしないムスリムにとって、最終的な飲食物に酩酊性があるかどうかが重要である。 A のメニューレベルの情報である。だから、上の項目では最終製品が１％以上のアルコールを含むかをチェックの有無で表す。アルコール飲料だけではなく、奈良漬やサヴァラン、ブランデーケーキ、ウィスキーボンボンなどについてチェックを入れることになる。アルコールを含むものに「大人向け」、アルコールを含まないものに「子どもや運転手も OK」といった表示をすることもできるだろう。

　一方、禁忌を厳しく解釈するムスリムの立場からは、最終製品にアルコールを含んでいなくても、調理中にアルコール飲料を使ったかどうかということも知りたい。 B の材料レベルの情報である。こちらを下の項目でチェックする。調理の際に、清酒・みりん・焼酎・ワイン・ビールなどアルコール飲料を下味や味つけに使った料理にも、魚や肉の臭みとりに酒を使った料理にも、味つけに使った醤油に酒精が添加されていただけの料理にもチェックを入れることになる。しかし、こちらのチェックには手間がかかるし、かなりの専門知識も必要になってくる。

　「すぐにできる表示」として、現在使っているメニューはそのままに、簡単な表示を追記するだけの段階ならば、メニューレベルの情報を重視するほうがよいだろう。使用したお酒の量が多く、アルコール分をとばしておらず、ドライバーや小さな子どもに食べさせられないようなものには、アルコール表示をする、という感覚である。

　 B レベルの表示を組み入れたメニューをつくる場合も、アルコールについては、あえて B レベルの情報は明示せず、 A レベルの表示だけをするという選択肢もある。

3　たとえば、ユダヤ教で許されている魚介類はウロコと鰭（ひれ）のある魚だけなので、えび・かに以外にもいか・たこ・貝・鱗（うろこ）のない魚などが厳密には禁忌となる。

表にも、Ａ のチェック項目だけ入れておくのだ。いずれにせよ、表示の観点が Ａ なのか Ｂ なのか、どこかわかりやすいところに但し書きをしておく必要がある。

　すでに述べたように、アルコールについての受け止め方はムスリムの間でもちがいの幅が大きい。詮索をしすぎてはいけないという教えを重視して、飲酒はしないが調味料としての使用は気にせず、あえて質問せずに気にせず食べるという態度のムスリムも珍しくない。しかし、知らなければそれですむものでも、知ってしまうと食べられないと感じる場合もある。こういう人からみると、きいてもいないのに酒が入っているとわざわざ知らせてくるのは余計なお世話と感じられる場合もある。本格和食の場合、Ｂ の観点で表示すると、ほとんどのものにチェックマークがついてしまい、かえって食べにくくなることもある。知らずにいる自由というものもあるのだ。もちろん、これは、きかれる前から情報の押しつけをしないという意味であって、たずねてきた人に対して嘘をつけということではない。きかれたら正直に誠実に答えればよい。

4. 表示の言語とピクトグラム

　まずは日本語でもよいから、Ａ レベルの情報と関連づけて、Ｂ レベルの情報をまとめてどこかに表示しよう。情報を整理する作業を通して、店員の側も、どのような情報が必要とされているか、自社製品にどのような材料が使われているかという意識を高めることができる。

　外国人客向けには、やはり日本語だけではなく、外国語表示があったほうが便利だろう。外国語表示でもっとも優先すべきはやはり英語である。英語であれば手間をかけずにそのまま読める人も多い。「Google 翻訳」など、スマートフォンのカメラ機能を使った自動翻訳ツールが登場し、文字の読み書きができなくても、写真などから簡易的に意味を知ることができる技術も発達している。とはいえ、多くの言語では、日本語から翻訳するより英語からの翻訳のほうが格段に精度が高い。株式会社「ぐるなび」では、飲食店向けに多言語対応サービスを展開している。日本語で食材や調理法を選べば、自動的に 7 か国語に翻訳されるというものである。

　日本語でも外国語でも、読みやすい文字で表記し、単純でわかりやすい表現を使うよう気を付けたい。慣用句や二重否定などの複雑な言い回しや過剰な敬語、専門用語を使わない。食材に詳しくない人は、たとえ母国語で名前を聞いても、なんのことだかわからない場合もある。カツオを英語で skipjack や bonito と説明しても、魚の名

◆図 4.2　フードピクト
(https://www.foodpict.com)

前であることすらわからないかもしれない。そういうときは、とにかくまずはそれが「魚」であることを伝える必要がある。

　ピクトグラムを使った表示ならばシンプルでわかりやすい。メニューもごちゃごちゃにならないし、ビュッフェでも一目でわかり、顧客が選ぶ時間を節約できる。しかし、日本人に通じる絵が外国人に通じるとは限らない。そこで筆者がおすすめするのは、NPO 法人インターナショクナル考案の『フードピクト』である。ISO の図記号制作ガイドラインにもとづいて、世界各国の 1,500 名を対象に「理解度・視認性・必要品目」の調査を行い、何度もデザインを改訂しながら開発されたもので、パッと人の目をとらえ、異文化を背景にした人々にも意味がわかるユニバーサルデザインとなっている。また、厳選した 14 品目（牛・豚・鶏・羊・魚・貝・アルコール・かに・えび・卵・小麦・乳・そば・落花生）で、食物アレルギーの約 83％、イスラーム・ユダヤ・ヒンドゥー・ヴェジタリアンの食物禁忌のほとんどに対応できるようになっている（図 4.2）。

　フードピクトは規約が明確で、使用料金もリーズナブルな、非常によく考えられたシステムである。訪日・在日ムスリムの間でも認知度が上ってきている。通常のピクトグラムの場合、表形式と異なり、何を表示対象とし何を対象外としているのかがわかりにくいという欠点がある。しかしフードピクトでは、表示すべき 14 種類の一覧を目立つところに掲示しておくので、表形式に準ずる役目を果たす。また、メジャーなアレルゲンや禁忌食材はすべてカバーされているので、しるしのない野菜スープにベーコンが浮かんでいたというような問題は防ぐことができる。ただし、フードピクトの規約では、B のレベルでその食材が入っていないことを確約しなければならない。つまり、酩酊性のない飲食物でも、アルコール飲料を使ってしまうとアルコール飲料

のフードピクトで表示する必要がある。また、14種類以外の食材については、今のところ表示する方法がないので、約17％の食物アレルギーには対応することができないということになる。

AVレベルでのアルコール含有の有無を表すため、フードピクトに加えて補助的に子ども向け、大人向けを表すマークを使うことも考えられる。

5. 各種の「〜フリー」表示、ヴェジタリアン表示

ここまでは避けたい食材が含まれている料理について、その情報を開示する方法を考えてきた。しかし逆に、問題食材を含んでいない料理について、積極的に表示するのもひとつの方法である。pork-free（豚を含んでいない）、meat-free（肉を含んでいない）、vegetarian（乳・卵以外の動物性食品を含んでいない）、animal-free（動物性の食品を一切含んでいない）といったことを表示するのである。

このような基準に従い、一部の料理を抜粋したメニュー表を作成するのもよいだろう。立派なものでなくてもよい、クリアファイルにコピーを差し込んだものでもかまわない。とりあえず通常のメニューに加え、次の３種類があればよいだろう。

1. ポークフリーメニュー（豚以外の肉やシーフード、ヴェジの料理）
2. ミートフリーメニュー（シーフードおよびヴェジの料理）
3. ヴェジタリアンメニュー（卵や乳製品も含めたヴェジ料理）

もし実質ハラールといいきれる料理をとくに用意してあるのならば、4. としてハラールメニューを別刷りにするのもよいだろう。

注文をとる際の便宜のため、まず通常メニューの料理に通し番号をふっておく。抜粋メニューの料理にも、通常メニューと同じ番号をふっておけば、番号を聞くだけで注文をとることができる。この抜粋メニューには、Aの観点からのメニュー説明や料理の写真とともに、Bの観点からアレルゲンや禁忌の対象となりうる原材料の情報を、フードピクトや表4.1のようなかたちで掲載しておく。そうすれば、ポークフリー・ミートフリー・ヴェジという３つの分類に収まらない細々とした禁忌のちがいにも対応できるし、アレルギーをもつ人も選びやすくなる。もとのメニューに空きスペースが十分なければ、ファイルの見開きで、左側をもとのメニューのコピー、右側を食材

情報のスペースにする。料理の通し番号で左右を突き合わせできるようにしておけばよい。

　加工食品を食材として使う場合、その加工食品の原材料として表示されている添加物まではチェックできても、工場で使われる加工助剤やキャリーオーバーまでは責任がもてない。それぞれのファイルの最初の目立つところに、この選別にあたって、どの範囲まで責任をもってチェックしたのか、限界を明らかにしておく必要がある。できないことを書き連ねるのではなく、ここまでは努力したという書き方のほうがよいだろう。たとえば「加工食品や調味料については、その原材料として表示されているものまでをチェックしています」というのはいかがだろうか。

　次に、それぞれのメニューをどのような基準で選べばよいのか、具体的な注意点を説明する。

1. ポークフリー：豚を使用していない食品

　non-pork あるいは pork-free と表示するメニューには、豚肉・ハム・ベーコン・ソーセージ・ラードなど、明らかな豚由来食材を使用していないものを選ぶ。普通のゼラチンを使ったものは入れないほうがよい。シーフード由来のゼラチンや、ハラール認証やユダヤ教のコーシャー認証をとったゼラチンであれば、豚は入っていないので使ってもかまわない。ゼラチンの代わりに寒天やアガーを使ってもよい。

　これだけで安心して食べられると感じる人も少なくない。もちろん、普段使っているメニューにポークフリーのしるしをつけるだけでも、何頁もあるメニューのなかから豚の入っていないものを探し出す手間が省け、料理を選びやすくなる。

2. ミートフリー：肉を使用していない食品

　meat-free と表示するのは、豚だけではなく、四足動物や鳥などの肉を使っていないものである。屠畜方法まで気にするムスリムは、牛や鶏のようなハラールな動物であっても、ノンムスリムの肉は食べたくないと考える。しかしそのなかにも、シーフードや植物性の食べ物であれば、変わった食べ物に喜んで挑戦したいという人も珍しく

ミートフリーメニュー　Meat-Free Menu

【21】　焼き魚定食（ご飯、焼き魚、ほうれん草の胡麻和え、冷ややっこ、漬物）
white rice, grilled fish, spinach with sesame dressing, chilled tofu, pickles

動物性食品　animal food		
ゼラチン gelatin		えび * shrimp/prawn*
		かに * crab*
牛肉 beef		✓ 鱗のある魚 fish with scales
豚肉 pork		その他魚介類 other seafood
羊肉 mutton/lamb		
鶏肉 chiken		卵 * egg*
その他肉 other meat		乳・乳製品 * dairy*

植物性食品　plant food		
そば * buckwheat*		落花生 * peanut*
✓ 小麦 * wheat*		その他ナッツ othe nut
その他雑穀 other millets		
りんご apple		✓ 大豆 soy bean
		✓ ごま sesame
キウイフルーツ kiwifruit		
その他果物 other fruit		

＊特定原材料（7種の主要なアレルギー食材）＊seven major food materials that may cause alergy

	1 ％以上のアルコールを含む　contains more than 1% of alcohol
✓	原材料としてアルコール飲料を使用　usage of alcholic drink as material

ない。ミートフリーとわかれば、このような顧客にアピールすることができる。
　ミートフリー表記にあたっては、肉だけではなく、家畜や家禽の内臓・油脂・骨などに由来する材料も使っていないことを確認しておく。豚の油脂であるラードや背脂、

牛脂や鶏油、牛骨・豚骨・鶏ガラなどのスープストック、ビーフエキスやポークエキス、動物性のブイヨンなど、このようなものが入っていないということを、少なくとも直接使用している加工食材の原材料表記のレベルまではきちんとチェックしてほしい。

　牛乳やバター、生クリームなどの乳製品は動物性ではあるが、牛を殺すわけではないので使っていてもかまわない。魚・イカ・タコ・貝などのシーフードや魚卵・鶏卵も、ミートではないので問題ない。もしも油脂やだしの種類について確認する人がいれば、すぐに答えられるように英語で説明を用意しておくのもよい。チーズについては次項で詳述するので参考にしてほしい。

3. ヴェジタリアン料理
　口に合うかどうか、満足感を得られるかどうかはともかくとして、禁忌という観点からは、ヴェジタリアン料理もムスリムが比較的安心して食べられるものである。

　ヴェジタリアンといってもいろいろなレベルがある。ラクト＝オヴォ＝ヴェジタリアン（lacto-ovo vegetarian）は、植物性の食材だけではなく、卵や乳製品も食べる。卵は食べないが乳製品や植物性の食材を食べるラクト＝ヴェジタリアン（lacto vegetarian）もいる。ヴィーガン（vegan）になると、卵・乳も含め一切の動物由来食品を食べない。また、ミツバチを搾取するということでハチミツも食べない。よって、ヴェジタリアン料理のなかでもヴィーガンならば、アニマルフリー（animal free）という表記をしてもよい。

　余談だが、日本国内の有名大学主催による国際イベントの懇親会で次のようなことがあった。海外からの参加者にヴェジタリアンがいることがわかっていたのに、ノンヴェジのごちそうが並ぶなか、ヴェジタリアン料理がゆで野菜と生野菜と白いご飯しかなかったのである。筆者は主催者側のスタッフではなかったが、ホスト国の一員としてとても申し訳ない気持ちになった。ヴェジタリアンだからといって、野菜をそのまま出せばよいというものではない。

　本場インドのカレーや台湾の素食の例を見れば、ヴェジタリアンにも複雑で豊かな食の世界があることはすぐにイメージできる。私たちの身近にもヴェジタリアンの食べ物はいろいろある。豆腐・豆乳・湯葉・油揚げ・納豆・テンペなどの大豆製品はヴェジタリアンの重要なタンパク源である。また、大豆タンパクやグルテンでつくる代用肉もある。鰹節や煮干しは使えないが、昆布やシイタケでとる精進だしは使える。このほか、がんもどきやレンコンの蒲焼きといったもどき料理や、卵を衣に使わない精

進揚げ、胡麻和えや白和え、野菜サラダ、きんぴら、ふろふき大根、田楽、けんちん汁、かぶら蒸し、ペペロンチーノ、白ご飯・豆ご飯・イモご飯、アボカドのお寿司、インド風の豆のカレーなどがある。卵を食べるオヴォ＝ヴェジタリアンならば、茶碗蒸し、厚焼き卵に精進出汁の出汁巻き卵、いり卵にオムレツ、卵サンド、野菜の卵とじなどがあり、ラクト＝ヴェジタリアンならば、チーズやヨーグルトやバターも使え、さらに幅は広がる。

　ただし、チーズについては、少なくとも次の2点は押さえておきたい。まず乳に含まれるタンパク質を凝固させるレンネットの問題である。ヨーロッパの伝統では、仔牛などを屠畜してその胃に由来する酵素を用いていた。これだとヴェジタリアンの観点からもハラール屠畜の観点からも問題がある。しかし、現在普及している微生物のレンネットを使った製品ならば問題は少ない[4]。次に、ハードチーズの熟成の際、しばしば外側にバターなどの油脂を塗って乾燥や割れを防ぐが、このときラードを使う場合がある。ラクト＝ヴェジタリアン表示をするには、少なくともこの2点を明確にしたチーズを使ったほうがよい。しかし、一般のムスリム消費者の間では、このようなことはあまり問題視されておらず、チーズは乳製品だから問題ないと考える人が多い。責任の範囲を明らかにして、容器包装に原材料として表示されるものまでだけをチェックしているということを明示しておけば、チーズを使った料理をポークフリーメニューやミートフリーメニューに入れる場合、あまり考えすぎないほうがよいかもしれない。

4. ハラールメニュー／ムスリムのお客様へのおすすめメニュー

　後述するように、食材をハラール化し、実質ハラールの料理を用意できる場合には、「ハラールメニュー (Halal menu)」の別刷りをつくってもよいだろう。やはり「ハラール」と書いてあれば、断然わかりやすい。ただし、その場合は、ぜひ一度は必ずムスリムに現場を見てもらい、ムスリムの目でハラールといえるかどうか判断してもらってほしい。ハラールといいきってしまうことにためらいがあれば、「ムスリムのお客

---

[4]　GMレンネットについては、おそらくさまざまな異論があると考える。直接動物を屠畜して得られるものではないが、動物に由来していること、遺伝子組換え技術そのものへの解釈の多様性などである。しかし、現時点では、一般のムスリムの間でレンネットが大きく問題にされているわけではないので、ここではこれ以上触れない。

様へのおすすめメニュー」「Recommendation for Muslim」といったかたちで表示する方法もある。

「ハラールメニュー」「おすすめメニュー」に載せるのは、肉を使用していない料理や、ハラール肉を使用した料理で、油脂としては植物油を使い、疑わしい添加物や加工食品やアルコール飲料を一切使っていない料理である。リスクの高い調味料や加工品についてはハラール認証取得済みの食材を使ってもよい。

ハラールなものとノンハラールなものとで調理器具や食器の分離を行っているかどうかは、冒頭にわかりやすく表示しておくとよいだろう。「調理器具や食器はハラール専用です」「調理器具や食器はノンハラール料理と共通のものを使用しています」「ノンハラール料理と共通の施設を使用していますが、鍋はハラール専用です」「食器はノンハラール料理と共通です。紙皿など使い捨て食器をご希望の方はお申し付けください（通常の食器の写真と代替の使い捨て食器の写真を載せておき、写真をさして選んでもらう）」など。

6. 容器包装食品の情報開示

加工食品やその原材料については、もしもハラール品としての輸出を考えるのであれば、輸出先国の条件に合致したハラール証明や認証が必須である。しかし、日本在住のムスリムや訪日外国人観光客向けに、肉やゼラチンなど高リスクの材料を使って

いない商品を日本国内で販売するのであれば、必ずしもハラール認証を取得しなくても、丁寧な情報開示によって売れる可能性がある。

在日インドネシア人のムスリムの間では、乳化剤など気になる添加物の原材料を食品メーカーに問い合わせて、その結果を自ら判断し、スマートフォンのアプリなどを使って情報を共有したりしてい

る。こういった自衛的な情報収集においては、認証規格のようにキャリーオーバーや交差汚染の有無までを問うわけではなく、含まれている原材料そのものが問われている。原材料はいつ変更するかもしれないので、企業は回答をためらう場合もあるだろう。しかし、乳化剤（大豆レシチン）といった表示は現在でも行われている。使っている乳化剤の材料が植物由来のもののみであれば、そのことを明示するだけでも消費者の選択肢は増える。

　ムスリム対応に限らず、訪日外国人観光客向けの商品の場合、商品名やパッケージのデザインは、基本的には日本語表記でかまわないが、陳列棚で見やすい位置に、アルファベットで商品が特定できる情報を必ず入れておく。衝動買いを誘発するとともに、口コミやネット情報で知った商品を探して買えるようにするためである。ブランド名だけではなく、ごくおおざっぱにその商品がどのような食べ物なのかわかるような情報を入れる。たとえば、おせんべいであれば rice cracker と書き、塩味・チーズ味など複数の味やフレーバーがあればその情報も入れる。pork free、meat free、animal free といった情報も入れられればなおよい。ただし、包装が小さいと、多くの情報を表示することができない。その場合、QR コードを使って自社サイトの情報へ誘導する。情報は少なくとも日本語と英語で併記しておくのがよいだろう。訪日客向けのお土産であれば、国際空港・主要ターミナル駅・観光地などの主だった売り場に営業をかけて、自社製品の売り場にまとめてひとつ表示物をつけてもらうのもありだろう。主な情報を英語で表示し、細かい情報が気になる人は QR コードで Web サイトをチェックできるようにしておく。こういった売り場で得た情報を客が SNS などでシェアしてくれれば、口コミで徐々に他の売り場にあるものも売れるようになる。

　ムスリムの多くは、日本人の想像をはるかに超えて幅広く大勢の親戚や友人と付き合っている。だから、まとめて手軽に購入できる土産物があれば大量に買ってくれる。求めやすい価格で、日本風のパッケージ、かさばりすぎず重すぎず、手頃で分けやすく、かつハラール性が担保されたものを用意したい。知名度の低い商品を新規の客に買ってもらうためには試食も有効だが、試食品の提供には手間もかかるし、試食ばかりされても困る。大袋や箱入りだけではなく、気軽な試し買いを誘う小容量のパッケージがあるとよい。学生食堂のレジ横などでよく見られるように、大袋入り商品の中身をばらして売るのもおすすめである。試しに買ってその場で食べ、気に入れば、まとめてお土産に大量買いをすることができる。

❸ 一歩進んだ対応：場所・器具をわける

　ここでは、一歩進んだ対応として、提供する料理そのものを変えるのではなく、肉の使用の有無などに応じて、提供する場所や食器・食具をわけることについて考える。

1. 提供する場所をわける

　食べ物が同じでも、提供する場所をわけることで一歩進んだ対応になる。ビュッフェ料理の場合、豚の入った料理を置くテーブルをひとつにまとめてポークと表示し、他の料理の場所から分離しておくだけでも、選びやすくなるし、印象もよくなる。

　本章第1節の2項や4項で述べたような区別に従って場所をわけ、大きく表示をしておくと、それぞれの信条に従って食べ物を選びやすくなる。豚コーナー、豚以外の肉コーナー、ミートフリーコーナー程度にわかれているだけで多くの宗教的禁忌に対応できる。含まれている材料の情報も、表やピクトグラムで表示したほうがよい。座る場所についても、個室や半個室に席を設けて、酒や豚を提供している一般の席から離し、飲食中に酔客の姿や声が目や耳に入らないようにするだけでも、だいぶ落ち着く。

2. 調理器具をわける

　さらに高度な対応としては、豚を料理する調理器具と、その他の調理器具をわける。この場合の考え方としては、ノンポークのものを特別扱いするのではなく、逆にポークだけを特別扱いにし、豚由来の食材を使った料理を隔離するというイメージがよい。

　器材をわけて管理するためにしるしをつける場合は、ムスリム用のものに緑色のしるしをつけるとよい。緑はイスラームを象徴する色であるとともに、世界的に青信号の色でもあるからだ。

　高級ホテルのビュッフェで、卵料理を注文に応じて目の前でつくるサービスをしている場所では、豚製品を完全に分離するのは難しいかもしれない。しかし、卵を置く場所とハムやベーコンを置く場所を左右に離しておき、ハムエッグ・ベーコンエッグ用のフライパンと、卵だけに使うフライパンを別にするだけでもずいぶんと印象は変わる。さらに、調理済みのハムやベーコンをポークコーナーに置いておき、目の前で調理するのは卵だけにすれば、食味は劣るかもしれないが安心感は増す。

　水と米だけで炊く白いご飯は、ヴェジタリアンも含めてほとんどすべての人が食べられる。白飯用の炊飯器や保温ジャーは白飯専用にしておき、肉や酒を使うことが多い炊き込みご飯には使わないと決めておくのもよい。食味を向上させるために、白い

ご飯の隠し味として酒やみりんやハチミツ、カニエキスなどを使う場合があるが、食物禁忌やアレルギーへの対応を考えると好ましくない。

3. 食器や食具をわける

　豚や酒に使った食器や食具、またそれらとともに洗ったものに対する抵抗感を示す人もいる。もちろんハラール認証では、このようなものは NG である。しかし、ノンハラール肉を提供している施設で、ハラール専用の食器や食具を確保し、スポンジや洗い場まですべて別にするのはほぼ不可能である。ただし、衛生的に洗ってあるものであれば気にしないムスリムもいる。器と食べ物の調和は和食の特徴でもあるので、素敵な器で本格的なサービスを受けたいという人もいるだろう。

　一歩進んだ対応としては、選択肢として紙皿や割り箸、プラスチックのカップやカトラリーなど、使い捨てのものを用意しておき、本人の希望に応じて変えられるようにするのもよい。ぎりぎりの費用で運営している格安店であれば、使い捨て食器に追加料金を課してもよい。また大皿を使う場合、皿に紙や葉っぱを敷いたり、氷を敷きつめたりするだけでも清浄感が増す。紙や葉っぱや氷は使い捨てで、直接食べ物に触れる部分が過去に豚に触れていないことが明らかであるから、安心感がある。

なおハディースのなかには、絹や錦を身にまとうことと、金や銀の食器で飲食することを戒める教えがある。金や銀でできた食器や食具は使わないほうがよいだろう。

　また、ムスリムにとって飲食は基本的に座って行うものである。敷物を敷いた床でも、椅子とテーブルでもよいし、畳に座布団でもかまわないが、とにかく座れる場所を用意する必要がある。現在、インドネシアでは立食パーティーも行われているが、立ったままの飲食には戸惑う人もいる。やむをえず立食形式を採用する場合も、周囲に椅子を多めに並べて座りたい人は全員座れるようにしておき、賓客にはテーブルと椅子を用意してご案内するとよいだろう。

　宿泊客用に自炊施設を開放しているホステルやゲストハウスのような場所であれば、ムスリム専用あるいはノンポーク専用の調理器具・食器・食具を入れた棚を1つ設置しておくのもよいだろう。ムスリム顧客が多ければムスリム専用とするが、それ以外の禁忌をもつ人も多いようであれば、ノンポーク専用にするとよい。豚は、イスラームだけではなくユダヤ教やヒンドゥー教でも不浄の動物とされており、一般的な食肉のなかではもっとも忌避される可能性の高い食べ物だからだ。

❹ もう一歩進んだ対応：食材のハラール化

　ここでは、さらに進んだ対応として、一般的に疑わしいとされる食材をハラール性の担保されたものに変更していく方法を考える。

1. 疑わしくない食材

　疑わしくない材料としては、生鮮／あるいは干しただけの野菜／果物／イモ／豆／海藻など、米や雑穀など精白しただけの穀類、生鮮海産物や卵などがある。こういったものは、通常、ハラール認証規格においても、証明書抜きでハラール食材として認められている[5]。また、塩・砂糖・酢、小麦粉や米粉、乳・ヨーグルト・バターのようなものは、認証をとろうとすると、専門的にチェックすべき管理点が加工や包装の過程で生じるが、一般人の感覚としては疑わしい食材とはとらえられていない。

　食材を、疑わしくない材料やハラール証明のあるものだけに限ってしまえば、非ム

スリムが調理しても、ほとんどのムスリムがハラールと判断するような料理をつくることができる。ムスリム店主やムスリムシェフのいる店であれば、このような方策をとるだけで、自主的に「ハラール」という表示を店先に掲げることもできるだろう。

　しかし、非ムスリムの事業者の場合、生半可な知識で自家製のハラール表示を自主的に店頭に張り出すという行為は、危ういことこのうえない。専門機関の認定なしに対応を試みるのであれば、ここはあくまで慎重に、注意深く表現を限定して、「ハラール牛肉使用」や、「（肉製品の製造業者／仕入れ先の名称／屠畜肉の出自国など）からハラール肉を仕入れています」「アルコールフリー」「ハラール認証調味料を使っています」などと表示するにとどめてほしい。非ムスリムの事業者が責任者として顧客に向けて自社の商品がハラールであると明示することと、ムスリム消費者が一個人として、自分自身のため、または日本事情に疎い同朋ムスリムのために、今食べようとしている目の前の食べ物がハラールかどうかを判断することには大きなちがいがある。責任をもてる範囲を明確にしておこう。

　書名を出すことは控えるが、ラーメン店経営者向けの本のなかに、ハラールラーメンを提供するすべを解説したものを見つけた。食材のハラール性を確保する方法についての解説はなかなか丁寧で、頷けるところが多々あった。しかし、そこには重大な問題が潜んでいた。

　まず、店に掲示するハラール表示の例として、デザイン性のあるハラールマークのサンプルを挙げてある。確かにぱっと見た目でわかりやすいが、これではどこかのハラール認証機関のロゴと誤解されかねない。そうでないことがわかると、だまされたと感じる客もいるかもしれない。店内で豚を調理している店であれば、看板に偽りありとされて、かえって評判を落とすこともあるだろう。そのうえ、この本では、外国人客への一般的な対応として、麺の硬さや背脂の量などを細かくたずねすぎても混乱

5　認証規格によっては、田畑や工場の豚舎からの距離や、肥料や飼料までもチェックするなどといわれる場合もある。しかし、日本国内での食材調達では、通常の衛生的な管理がなされている限り、そこまで考える必要はない。

　筆者はインドネシアのハラール認証機関での研修で、田畑に用いる有機肥料についてたずねたことがある。当時の担当教官からは、たとえ豚糞であったとしても問題ないという回答を得た。豚食の禁忌は、人間に対するものであって、植物や微生物に対するものではないからである。工場内での汚染と異なり、田畑では自然の力による浄化作用が働く。すなわち、神の力によって穢れが浄化されると解釈することができるのである。ただし、牛などの草食動物に対して動物に由来する飼料を与えることや、アルコール飲料であるビールを継続的に飲ませることは問題にされる場合がある。

するので、店側で判断して適当に提供しようという趣旨のアドバイスが書かれていた。小さなコラムにさらっと書いてあるので見逃しそうになるが、背脂といえば豚の脂である。ハラールマークで客寄せしたラーメンに、店員が背脂をふって出せば、大問題になる。店の信用を失うだけではなく、日本のムスリム対応全体への信頼を揺るがしかねない。そのような事態を防ぐためにも、ハラールを謳うのであれば、4節で後述するように、ムスリムを雇用して、日常的にムスリムの目線をとり入れた営業をしたいものである。

2. ハラール肉を使う

　疑わしい材料のうち、とくにムスリムにとって禁忌の程度が高く感じられるのが肉である。そこで、肉だけはハラール肉を使うという対応もある。認証レベルで「ハラール料理」といえるものを出すのはなかなか難しい。調味料も含めすべての食材のハラール性を確保しなければならず、仕入れ前の段階から輸送や保管で交差汚染を予防する体制も必要になる。しかし、そこまでしなくても、とにかく屠畜時にムスリムによって適切な処理がされている「ハラール肉」であることが肝要だと考える人は多い。

　ニュージーランド・オーストラリア・ブラジルなどの畜産大国では、中東や東南アジアのムスリム消費者向けに、牛・羊・鶏などのハラール屠畜肉の大量生産体制を整えている。こういった輸入肉は、業務スーパー・ハラールショップ・ネット通販などで比較的簡単に安価で買える。ハラール肉だからといって、ノンハラール肉より高いということもないし、小口の購入も可能である。

　日本国内でもハラール屠畜は行われている。証明や認証がなくても、ムスリムが正しく屠畜した肉であればハラール肉なので、ムスリムの業者が自ら処理したハラール肉を販売している場合がある。たとえばネット通販のサイードショップ（福岡県）では、輸入の冷凍肉のほかに、国産のフレッシュな鶏肉を月に一度販売している。証明や認証のある国産肉もある。宗教法人日本イスラーム文化センターは、国内の屠畜場でハラール屠畜を行った牛肉について「屠畜証明書」を発行している。また、ゼンカイミート株式会社（熊本県）・南薩食鳥株式会社（鹿児島県）・三田食肉公社（兵庫県）・にし阿波ビーフ株式会社（徳島県）などの食肉処理施設は、国内外のハラール認証機関からハラール認証を取得している。

3. その他食材のハラール化

1. 酒・酒精を使わない

　下味や臭みとり、調味料としてアルコール飲料を使わないようにすると、ハムルに厳しいムスリムのニーズにも応えることができる。清酒・みりん・焼酎・紹興酒・ビール・ワイン・ブランデー・キルシュワッサーなど、アルコール飲料と考えられるものは一切使わない。日本料理であれば、酒の代わりにだしを濃くとってうま味を補ったり、みりんの代わりに砂糖で甘みをつけたりする。酒粕や奈良漬のように、アルコール飲料の副産物で、アルコール飲料の風味が残っているものも使わないようにする。甘酒や塩麹のような、そもそもアルコールを含まないものは使ってもかまわないが、誤解を与えないように注意し、それらがどのようなものなのかをきちんと説明できるようにしておく。より高いレベルの対応としては、酒精無添加の醤油・味噌を使う。醤油や味噌は植物性なので、ハラール認証品でなくても、酒精無添加であれば、かなり厳しい基準に照らしても実質的にハラールと判断できるからである。

2. 油脂のハラール化

　揚げ物に使う油脂や調理器具について、豚肉やノンハラール肉に使うものと、ハラール用で完全にわける。ハラール用の油脂は、野菜・シーフード・ハラール肉だけに用い、たとえ衣がついていても豚やノンハラール肉を入れないようにする。ただし、ハラール料理に使用済みの油脂をノンハラール用に使用するのはかまわないだろう。

　油脂として使うのは、植物油やバターだけにする。植物油であるというだけで安心する人もいるが、植物油の抽出方法が気になる人もいる。エクストラバージンオリーブ油は、オリーブを機械的に搾っただけでできるので、そういった人もハラールと判断する可能性が高い。バター以外の動物性油脂として、ハラール屠畜された牛・羊・鶏などの油脂は使用してもよいが、日本では入手が難しい。ラードは豚の脂なので、使わないよう注意する。

　マーガリンやショートニングは、厳密にいえば、認証品以外はハラール性の担保が難しい。動物性油脂使用の可能性も否定できないし、添加物が多く、加工度が高く、汚染のリスクが高いためである。しかし、植物油が主原料であることを明らかにしてあれば、問題ないと感じる人もいる。

３．ハラール認証取得の食材

　消費者レベルで疑わしく感じられる食材について、ハラール認証取得済みのものを使えば、さらに高いレベルの対応になる。たとえば、醤油・味噌・醸造酢・すし酢・砂糖・うま味調味料・みりん風調味料・めんつゆ・マヨネーズ・カレールー・チョコレート・コーヒーフレッシュなどである。国産品でもよいし、海外からの輸入食材でもよい。和食の食材も近年東南アジアで生産され、生産地のハラール認証を取得している。知名度のある認証団体のロゴのついた商品を輸入して使えば、その地域から日本を訪れるムスリムにとって、ハラール性の面では安心感が増すかもしれない。

　同じ調味料でも、塩・砂糖・コショウなどのスパイスのようなものは、一般的なムスリム消費者にとってなじみ深く、酒や豚による汚染のリスクがあまり広く知られていないため、とくにハラール認証品でなくても気にしない人が多い。ただし、認証レベルで厳しく汚染を防ごうとすると、塩・砂糖でも、消泡剤の由来や精白用の骨炭使用の有無までチェックしなければならない。よって、意識の高い人に向けては、精白していない黒砂糖の使用をアピールしたり、和三盆などの骨炭を使わない砂糖の精製法を案内したりといった方法も有効かもしれない。また、日本ハラール協会の理事からの聞きとりによれば、日本国内のてんさい糖のメーカーは骨炭を一切使用していないとのことである。

　ハラール認証を受けた食品は、モスク周辺や外国人の多い街に店をかまえるハラールショップやネット通販などで購入できる。ハラールに特化していないタイ・インドネシアなどのエスニック食材店や業務スーパーの一部店舗でも、ハラールロゴのついた商品がかなりある。輸入食品販売の株式会社二宮は、ハラール認証取得品だけを扱っており、日本で唯一、日本ムスリム協会からハラール認証を取得している。イオン株式会社は、マレーシアでつくったハラール認証済みのプライベートブランド品を逆輸入していくつかの店舗で販売している。詳しくは付録３を参照されたい。

　認証取得商品の情報は、認証機関の Web サイトで公開されている。アジア系の企業であれば、認証取得済みの小売商品にはハラールロゴを付けているところが多い。ただし、欧米の企業の場合、中東などへの輸出のためにハラール認証を取得していても、あえて肉以外の商品にハラールロゴをつけず、認証取得を宣伝しない場合がある。反イスラーム主義者からの攻撃を恐れているからである。世界各国で開かれているハラール商品の国際的な展示会に出展しているかどうかを調べれば、ハラール対応をしているかどうかがわかる。どの機関の認証を取得しているかということも、直接問い

合わせれば教えてくれる。洋風の食材でハラール認証品を求めるのであれば、このような商品を視野に入れてもよい。またヴェジタリアン食材を使ってもよいだろう。

4. ハラール認証取得のデリカ

　宿泊施設や学生寮、学食・社食のような場所では、なかなか思い切った改革はしにくい。ノンハラールなものとハラールなものをわけて提供しようとしても、調理器具や食器をわけたり、動線をわけたりすることが難しい。その場合の簡易的な対応方法としては、ハラールやヴェジタリアンのできあいの弁当・惣菜・パンなどをとり寄せ、冷凍でストックしておき、必要に応じて解凍して使うという方法もある。個別に対応する人手がなくても、冷凍のまま売店で販売し、ハラール専用の電子レンジを1つ用意しておけば、相当安心して便利に食べられる。

　今日では、インド料理やトルコ料理のようなものだけではなく、本格和食やラーメン、カレーライスといった日本の食べ物もハラール対応が進んでいる。今まで禁忌食材が気になって試せなかったムスリムにもぜひ日本の食を楽しんでもらいたい。その一方で、食嗜好が合わなかったり、タブーが厳しすぎたりして日本の食べ物がほとんど食べられない人もいる。そういう人には、格安のゲストハウスでよくみられる、自炊できる簡易キッチンがあれば助かるだろう。東南アジアからの客はよくインスタントラーメンを非常食としてもってくるが、そこまで準備がよくない人のためにハラール認証済みのインスタントラーメンを販売するのもよいだろう。日本にきてまで自国のものを食べるのかと思うかもしれないが、旅先で日本人がおかゆと梅干しに出会ったような安心感をもたらしてくれる。袋麺であれば、そこに野菜や卵を入れて料理することもできるので栄養もとれる。

　中東をはじめアラブ地域では平焼きのパンをよく食べ、主食としてパンが食生活に重要な意味をもっている。米を主食とする東南アジアのムスリムも、パンは好んで食べる。食パンや甘い菓子パンなど、肉が入っていないパンであれば、別に問題ないと考えて食べる人も多い。しかし、パンには、発酵改良剤・乳化剤・ショートニングなど豚に由来する添加物や材料が使用されていることがあるため、このようなことに敏感な人は、非イスラーム地域におけるパン食を避けることがある。

　豚由来食品や疑わしい添加物を使わず、油脂としてバターや純粋な植物油を使用しているパンであれば、認証がなくても食べられると考える人もいる。「おかやま工房」

◆写真4.1
トゥーバトレーディングのハラールパン
都内に工場をもち、ホテルや小売りでの販売実績がある。（写真提供：トゥーバトレーディング）

（岡山県）では、イーストフード、乳化剤、製パン改良剤などの化学合成添加物を使用しないパンを販売している。同社の行っているリエゾンプロジェクトのグループ店のなかには、いったんハラール認証をとったものの、認証を継続しなかった店もある。その後、ベーコンやハムを使用した商品を展開しているが、パン生地そのものは認証取得時と変わらない。多くの疑わしい添加物を含む大量生産のパンよりは、こちらのほうがよいと判断する人もいる。また、日本でもハラール認証取得済みのパンがある。株式会社トゥーバトレーディング（**写真4.1**）、株式会社二宮、雪和食品株式会社、アーレムジャパン株式会社などが、各種のハラールパンを販売している。冷凍でまとめてとり寄せることができる。

❺ いちばん大事なこと：ムスリムの声を聞く

　ここまで、情報の開示や物質的な側面からの対策を書いてきたが、筆者がもっともおすすめするのは人的な対策である。つまり、ムスリムの目線をとり入れるということである。認証取得をめざすにしてもめざさないにしても、認証機関やコンサルタントからの情報だけではなく、ムスリム消費者をはじめ、いろいろな立場からの意見や情報を集め、自社の業態にあった対策を自ら選びとる姿勢が必要である。

　日本国内のムスリム消費者は、大きく、在住ムスリムとムスリム観光客にわけることができる。インバウンドビジネス関係者は、海外からの観光客のポテンシャルに注目するあまり、在住者のことを忘れがちであるが、もっとも身近な在住ムスリムを無視してムスリム対応は成り立たないといっても過言ではない。

　日本に在住しているムスリムには日本人も外国人もいるが、日本人ムスリムよりも外国人ムスリムのほうが圧倒的に多い。日本人の配偶者や家族として在住する外国人、

留学生やその配偶者・家族、技能実習生、日本企業に勤める外国人など、数か月から数十年にわたって日本に滞在している人たちである[6]。こういった人々自身や、彼らを訪ねてきて数週間から数か月単位で日本に滞在する人々が母国語で発信する情報は、観光客にとっても重要な参照源となる。「隗（かい）より始めよ」という言葉もある。まずは身近なところでムスリムを探してみてはいかがだろうか。

1. モニター

　メニューや商品を開発する際、実際のターゲットに近いバックグラウンドをもったムスリムの意見を聞くのが参考になる。ある程度商品がかたまってきたら、ムスリムのモニターにサービスを体験してもらったり、試食してもらったりして、感想をSNSなどにあげてもらうのもよいだろう。生のムスリムの声には説得力がある。
　ただし、そこで気を付けたいことがいくつかある。まず、日本在住の長いムスリム

身近にいるムスリムの意見をじっくり聞く

6　日本に住むムスリムの生活については、佐藤兼永『日本の中でイスラム教を信じる』（2015、文藝春秋）、店田廣文『日本のモスク　滞日ムスリムの社会的活動』（2015、山川出版社）、小村明子『日本とイスラームが出会うとき』（2015、現代書館）などを参照されたい。学食のハラールメニュー開発におけるムスリム学生との協働については、阿良田編『文化を食べる、文化を飲む』所収の砂井論文（67〜86頁）に詳しい。

は、日本語も日本の事情も理解しているので、微妙なニュアンスも伝わりやすく、コミュニケーションがとりやすい。しかし、あまりに日本に慣れ親しんでいると、感覚や嗜好がジャパナイズされてしまい、訪日客からはかけ離れたものになっている可能性がある。また、ムスリム対応をしようという心意気を歓迎するあまり、評価がやたら高くなってしまうこともある。東南アジアの文化では、目の前の相手に否定的なことを直截的にいうことをはばかる。嗜好に合わなかったり、高すぎると感じたりしても、つい相手を喜ばせるようなことをいってしまう。よって、ヒアリングの意図を十分に説明し、不満や改善点を率直にいってもらえる工夫をしなければならない。

　ハラールという面では、複数の意見を同時に聞くと、どうしても厳しくなりがちになる。一人一人はそれほど厳しい実践をしていなくても、少しずつ違うこだわりポイントがあり、最大公約数を求めようとすると、いつのまにか厳しいほうへと偏ってくる。人目が気になって、普段実際に自分が採用している規範よりもすこし厳しい意見を述べてしまったり、他の人の意見に影響されたりすることもある。そして、ムスリムという条件で人集めをすると、ムスリムとしての意識が普段より高くなる場合もある。「すぐできる対応」レベルでは、とりあえず一人でも二人でもよいから、身近なムスリム消費者の意見をじっくり聞くことからはじめるほうがよいだろう。

2. ムスリムの雇用

　もっともおすすめなのは、ムスリムあるいはムスリマを一人でもよいから雇用することである。彼らがハラールの専門家である必要はない。ムスリムのシェフがいれば、ムスリム消費者には安心だが、そこまでいかなくてもよい。普通に厨房や接客の一スタッフとして週に何日か働いてもらうだけでも、非ムスリムのスタッフ側にムスリムへの理解を深めようという姿勢があれば、日常的に接するなかで知識を得ることができる。本格的にムスリム向けの商売をはじめる前に、まずはまかない料理で試行錯誤に付き合ってもらい、ムスリム消費者の信頼を得るための工夫をするのもよい。

　ただし、新規に外国から人を雇うのは、費用の面でも募集やビザ取得などの手続きの面でもハードルが高い。しかし、日本人と結婚して配偶者ビザをとった人ならば就業の制限もない。またアルバイトであれば、近隣の大学や日本語学校でアルバイト紹介のサービスを利用するのもよいし、留学生会や在留外国人の会などにきいてみるのもよいかもしれない。留学生の場合、夫や妻を同伴して来日している場合も少なくな

い。留学生本人は忙しくても、配偶者は時間があるので、いろいろな経験をしてみたいと思っているかもしれない。探してみる価値はある。

　人選としては、日本語でも英語でもよいが、ある程度言葉が通じて、非ムスリムのスタッフと意思の疎通ができる人を探すことが重要である。コミュニケーションがとれるムスリムが身近にいれば、ハラール食材の確保や調理法についてのヒント、メニュー表示の工夫、ムスリム来店時の接客など多くの知恵を借りることができる。

　ムスリム向けの料理をムスリムスタッフに全部つくってもらったり、一から十まで監督してもらったりする必要はない。店の内部事情をよく知っているムスリムがいて、非ムスリムのスタッフと信頼関係を築き、食材の仕入れや調理の様子を常日頃見聞きして、その人自身が自分はこれなら食べられると判断しているということ、その事実が他のムスリムに安心感を与えてくれる。

　ムスリムにはウンマ（信徒の共同体）という概念がある。互いに言葉が違い、国や民族や文化が違っていても、イスラームを信じている者という一点でつながりあう共同体があるという考え方である。よく知らない非ムスリムがただ「ハラールだ」というよりも、ムスリムに「ノンポークだよ」といってもらえるほうが信用できると感じる人もいる。断っておくが、これは非ムスリムは信頼しないという意味ではない。非ムスリムであってもよい関係を築けばもちろん信用してもらえる。

　そしてもっともよいのは、ターゲットの顧客層と同じ文化的背景をもつムスリムを

ムスリムとともに働くことで知識を得よう

雇用することだ。インドネシア人ムスリムに対しては、インドネシア人ムスリムの言葉が、格段の説得力をもつ。すでに述べたようにハラール認識には、地域や宗派・法学派によってこまごまとした相違があり、日常生活で問題を強く感じる部分も異なっている。こういった背景をある程度共有していれば質問もしやすくなるし、細かいニュアンスも伝わりやすい。

3. SNSによる情報の発信と収集

今は facebook や Twitter、Instagram といったさまざまな手段で手軽に世界に情報を発信することができる。実際に店を訪れた顧客が個人でネットにあげてくれる情報はよい宣伝になる。店内でフリー WiFi を提供し、客がその場でネットにアクセスできるようにする。顧客自身のアカウントで店の情報を紹介してくれたら、割引やおまけ、小さな記念品などのちょっとしたサービスをするというのもよい。

インフルエンサー・マーケティングという言葉がある。インフルエンサーとは影響を与える人、影響力のある人という意味である。商品に関連する分野で影響力のある人物に対してアプローチをかけ、その人を介して商品を周知していくマーケティングの手法である。従来はインフルエンサーといえばセレブや専門家であったが、現在は一般人からの発信をきっかけに盛り上がるブームもある。Twitter や Instagram で数千人から数万人程度のフォロワーをもつこのような一般人の発信者は、マイクロ・インフルエンサーと呼ばれている。おおもとの発信者がインフルエンサーではなくても、情報がマイクロ・インフルエンサーに注目されてリツイートされれば、そのフォロワーの目に入り、さらにリツイートされて拡大していく。

また、ムスリムスタッフに、当事者の目線から店での日常的なエピソードを発信してもらうのもよい。店で働く人々の姿や店での出来事をツイートしてもらい、ポークフリー・アルコールフリーなどの具体的な対応の様子が浮かび上がるようにしてはどうだろうか。グレーゾーンの飲食物についても、どこまでやったのか、どこまで努力しているのかということをここで発信することによって、消費者の選択肢を広げることができる。その際、ムスリムスタッフの個人アカウントを使ったり、個人情報を明らかにする必要はない。発言内容から「中の人」がムスリムであることさえわかればよい。店用のアカウントを新設して、店の Web サイトの目立つところにリンクを貼っておけばよい。もちろん、情報発信・収集・対応にかかる時間は、他の仕事と同様に

業務時間にきちんと計上し、成果をあげたのであれば、昇給やボーナス、正規雇用への道などを考えてほしい。また、そのようなアカウントは、顧客からの感想やリクエストを収集し、疑問を解消したり、問題点を洗い出したりするためのよい場になりうる。ムスリム対応に限定せず、ヴェジタリアン対応やアレルギー対応、食嗜好のちがいへの対応も含め、外国人顧客一般との交流の場にすることもできる。ただし、ムスリム対応をこの担当者に丸投げにするのではなく、必ず店の責任者が主体的にムスリム対応に関与してほしい。担当者との交流を深めてそこからムスリムのニーズについて学ぶことが肝要である。

　店から発信する情報の言語は、メニューの多言語表示の項（97頁）で述べたように、英語がよい。ネットで情報を探している外国人を惹きつけるには日本語だけでは弱い。日本語は、読めない人にとってはさっぱりわからない模様の連続なのだ。主要な国際言語である英語は、イスラームに関連する国際イベントでも用いられている。英語は世界各地で学ばれ、研究されているので、多くの人がそのまま読めるだけではなく、どの言語からみても、英語との自動翻訳は精度が比較的高いことが期待できる。文字はデザイン性よりもOCR(光学的文字認識)での読みとりやすさを優先したい。

　またムスリムのなかでも、東南アジアのムスリム客を惹きつけたいのであれば、インドネシア語かマレーシア語での発信があれば目にとまりやすい。東南アジアのムスリムの多くは広義のマレー系の民族に属している。インドネシア語かマレーシア語も、島嶼部東南アジアで交易の言語として広く使われていたマレー語をもとに整備された国語であり、互いにかなり理解可能な方言レベルの差しかない。

付録1　礼拝への対応

　礼拝は、第1章でも述べたとおり、イスラームの五行のひとつであり、ムスリム対応のもっとも重要な要素である。

　礼拝対応の基本は、礼拝用の時間をとり、礼拝や浄めに用いる場所や道具を準備しておくことである。大変そうに聞こえるかもしれないが、実はそんなに難しいことではない。ここでは、礼拝の時間、礼拝前の浄め、礼拝の場所、道具について概説した後、あまり費用や時間をかけずすぐにできる対応方法を紹介する。

1. 礼拝の時間

　義務の礼拝は、表1に示したように1日5回（宗派によっては3回）ある。このほかに任意の礼拝を行うこともある。

　礼拝開始時間の合図をアザーン（アダン）といい、イスラーム圏の国々では、1日5回モスクから大きくアザーンの声が流れてくる。アザーンを聞いたらすぐに礼拝をすることが望ましいが、多少遅れても問題はなく、暁の礼拝は日の出までの間に、その他の礼拝は次のアザーンよりも前に行えばよい。暁と日没の礼拝は時間帯が短いが、その他の礼拝はかなり融通がきく。時間は、場所や季節によって少しずつ変わる。各地の時間は、インターネットのサイトやスマートフォンの無料アプリで簡単に調べる

◆表1　義務の礼拝の名前と時間

アラビア語の アルファベット表記	インドネシア 語	日本語	開始時間	終了時間
Fajr（ファジル）	Subuh	暁	空が白みはじめ、白糸と黒糸の 区別がつくようになった時	日の出
Dhuhr（ズフル）	Lohor	正午	南中時（影が最も短い時）	次の 礼拝の 開始時
Asr（アスル）	Asar	昼下がり	影が物と同じ長さになる時	
Maghrib（マグリブ）	Magrib	日没	日没時	
Isha（イシャー）	Isya	夜	日没後の空の光が消えた時	

ことができる。

　たとえば図 1 は、Islamic finder Athan(Azan) というパソコンの無料ソフトの画面である。場所を指定すると、その場所の礼拝時間と日の出の時間、キブラの方角が示される。任意の日付の時間を知ることもできるし、1 週間分、1 か月分をまとめて出力することもできる（図 2）。時間になるとパソコンからアザーンが流れるように設定してもよい。アザーンの種類もお好みで選べる。

　今はだれでも簡単にこういった情報を手に入れられる。しかし、海外から到着したばかりの旅行客の場合、ネット接続や器材のトラブルで困る場合もあるだろう。情報をまとめて印刷した紙を用意しておくのもサービスのひとつである。

　決まった時間に礼拝を行わない場合もある。たとえば、月経中の女性は礼拝が禁止されているし、男女ともに遠方への旅行中は 2 回の礼拝をまとめて一度に行うことが許可されている。許される組み合わせとしては、正午と昼下がりをまとめて正午の時間か昼下がりの時間に行うか、日没と夜をまとめて日没か夜の時間に行う。つまり旅行中であれば、宿泊先の部屋で暁・日没・夜の 3 回分を行うことができる。だから、日中の行動時には、最低限、南中から日没までの間に一度、少しゆっくりめに礼拝の時間と場所を確保すればよいことになる。

　礼拝前の浄めも含めて、礼拝にかかる時間は 10 〜 15 分程度である。2 回を 1 回にまとめても、20 分あれば十分だろう。

　学生や労働者が日常を過ごす学校や職場の場合、旅行の際のまとめの原則が当てはまらない。しかし、実際のところ日中の礼拝は、正午と昼下がりのみである。正午の礼拝は昼休みの間に行えばよいし、昼下がりの礼拝も休憩時間にできる。休憩をとる時間の配分をフレキシブルにして、礼拝時間に合わせられるようにしてもらえればよい。残業や夜の懇親会では、日没の礼拝の時間がかかってくる。日没の礼拝はとくに時間の幅が狭いので、移動などの時間も含めて配慮する必要がある。

　金曜礼拝をモスクで行うことを希望する従業員には、時間単位で有給休暇をとれるようにしたり、フレックスタイム制度を応用して始業・終業時間を調整する代わりに昼休みを長くとれるようにしたりしてはどうだろうか。大学であれば、金曜の南中時を挟む時間帯に重要な必須科目を入れないという配慮があるとよい。

　ここで礼拝に限らず、時間の使い方について考えておこう。イスラーム世界の多くでは時間がゆったり流れている。友人との約束なら 30 分〜 1 時間程度の遅れは珍し

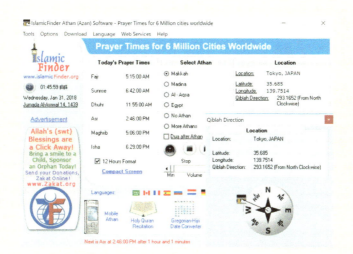

◆図1　Islamic Finder を使って、東京の礼拝時間とキブラを表示したところ
初期画面の右側にある「Location」の画面にある「Qiblah Direction」の文字をクリックすると
コンパス形式でキブラの方角が表示される。

March, 2018 Prayer Times - Tokyo, JAPAN

Day	Fajr	Sunrise	Dhuhr	Asr	Maghrib	Isha
01	4:47:00 AM	6:11:00 AM	11:54:00 AM	3:08:00 PM	5:36:00 PM	6:56:00 PM
02	4:45:00 AM	6:10:00 AM	11:54:00 AM	3:08:00 PM	5:37:00 PM	6:57:00 PM
03	4:44:00 AM	6:09:00 AM	11:54:00 AM	3:09:00 PM	5:38:00 PM	6:58:00 PM
04	4:43:00 AM	6:07:00 AM	11:53:00 AM	3:09:00 PM	5:39:00 PM	6:59:00 PM
05	4:41:00 AM	6:06:00 AM	11:53:00 AM	3:10:00 PM	5:40:00 PM	7:00:00 PM
06	4:40:00 AM	6:05:00 AM	11:53:00 AM	3:10:00 PM	5:41:00 PM	7:01:00 PM
07	4:39:00 AM	6:03:00 AM	11:53:00 AM	3:11:00 PM	5:42:00 PM	7:02:00 PM
08	4:37:00 AM	6:02:00 AM	11:52:00 AM	3:11:00 PM	5:42:00 PM	7:03:00 PM
09	4:36:00 AM	6:00:00 AM	11:52:00 AM	3:12:00 PM	5:43:00 PM	7:03:00 PM
10	4:34:00 AM	5:59:00 AM	11:52:00 AM	3:12:00 PM	5:44:00 PM	7:04:00 PM
11	4:33:00 AM	5:58:00 AM	11:52:00 AM	3:13:00 PM	5:45:00 PM	7:05:00 PM
12	4:32:00 AM	5:56:00 AM	11:51:00 AM	3:13:00 PM	5:46:00 PM	7:06:00 PM
13	4:30:00 AM	5:55:00 AM	11:51:00 AM	3:13:00 PM	5:47:00 PM	7:07:00 PM
14	4:29:00 AM	5:54:00 AM	11:51:00 AM	3:14:00 PM	5:48:00 PM	7:08:00 PM
15	4:27:00 AM	5:52:00 AM	11:51:00 AM	3:14:00 PM	5:49:00 PM	7:09:00 PM
16	4:27:00 AM	5:52:00 AM	11:51:00 AM	3:14:00 PM	5:49:00 PM	7:09:00 PM
17	4:24:00 AM	5:49:00 AM	11:50:00 AM	3:15:00 PM	5:50:00 PM	7:11:00 PM
18	4:23:00 AM	5:48:00 AM	11:50:00 AM	3:15:00 PM	5:51:00 PM	7:12:00 PM
19	4:21:00 AM	5:46:00 AM	11:49:00 AM	3:16:00 PM	5:52:00 PM	7:13:00 PM
20	4:20:00 AM	5:45:00 AM	11:49:00 AM	3:16:00 PM	5:53:00 PM	7:13:00 PM
21	4:18:00 AM	5:44:00 AM	11:49:00 AM	3:16:00 PM	5:54:00 PM	7:14:00 PM
22	4:17:00 AM	5:42:00 AM	11:49:00 AM	3:17:00 PM	5:54:00 PM	7:15:00 PM
23	4:15:00 AM	5:41:00 AM	11:48:00 AM	3:17:00 PM	5:55:00 PM	7:16:00 PM
24	4:14:00 AM	5:39:00 AM	11:48:00 AM	3:17:00 PM	5:56:00 PM	7:17:00 PM
25	4:12:00 AM	5:38:00 AM	11:48:00 AM	3:18:00 PM	5:57:00 PM	7:18:00 PM
26	4:10:00 AM	5:36:00 AM	11:47:00 AM	3:18:00 PM	5:58:00 PM	7:19:00 PM
27	4:09:00 AM	5:35:00 AM	11:47:00 AM	3:18:00 PM	5:59:00 PM	7:20:00 PM
28	4:07:00 AM	5:34:00 AM	11:47:00 AM	3:18:00 PM	5:59:00 PM	7:21:00 PM
29	4:06:00 AM	5:32:00 AM	11:46:00 AM	3:19:00 PM	6:00:00 PM	7:22:00 PM
30	4:04:00 AM	5:31:00 AM	11:46:00 AM	3:19:00 PM	6:01:00 PM	7:23:00 PM
31	4:04:00 AM	5:31:00 AM	11:46:00 AM	3:19:00 PM	6:01:00 PM	7:23:00 PM

◆図2　同ソフトで1か月間の礼拝開始時間と日の出の時間を表示したところ
トップメニュー（図1）から「Tools」を選び、「Monthly Prayer Times」から調べたい月を選
択すると1か月分の礼拝開始時間と日の出の時間（図2）が表示される。

くないし、国際シンポジウムのオープニングのような公的イベントでも、賓客の動き
に合わせて予定から1時間遅れてはじまることもある。旅行中は予想外のことも多く
時間どおりに動くことが困難なので、外国人ムスリムを巻き込んだイベントやツアー
を計画する場合、礼拝の時間も含めて、あまり予定をきつく詰め込まず、全般的に時
間配分をゆったりとしておいたほうがよい。移動の直後には、自由行動や打ち合わせ
など時間の調整が可能なイベントを入れておくのもよいだろう。

　ただし、時間を守るか守らないかということは、場面や状況によって変わってく
る。学校や職場などでは、時間厳守という習慣も珍しくはない。インドネシアの工場
労働者の働きぶりをみても非常に勤勉である。努力をしたにもかかわらず時間を守れ
なかったことについては、神の思し召しなので仕方がないと考える傾向はあるかもし
れないが、ムスリムだからといって時間や約束を守らないなどということはない。

2. 浄め

　イスラームは清潔の宗教ともいわれるほど、日常的に浄めを行う。

　礼拝前に行う小浄をウドゥ（Wudhu）という。きれいな水で口と鼻をゆすぎ、足・
耳・顔、両腕の肘から先を洗い、頭を濡れた手でぬぐい、耳を洗い、両足の足首から
先を洗う。溜めた水の中で洗うのではなく、水はかけ流しにしなければならない。

　礼拝の場所にウドゥの施設が併設されていればすばらしいが、特別な施設や道具が
なくてもウドゥは可能である。屋外の流し場でも、シャワールームでも、浴場でも、
きれいな水さえあれば可能である。頭上の高い位置に固定されたシャワーではやりに
くいが、蛇口の位置が低いときは風呂椅子を用意しておけばよい。公園の水場のよう
なところや、柔軟なホース式のシャワーを使うなら、立ったままでも問題ない。トイ
レの洗面所のような場所でもウドゥはできる。どうしてもその辺に水が散るが、台や
床が濡れては困るのであれば、濡らしたら拭いてくださいという注意書きとともに、
台拭きやペーパータオルを置いておけばよい。洗面台で足を洗うのは困るというので
あれば、モップなどを洗うためのスロップシンクを開放してはどうだろうか。

　臨時のイベントであれば、たらい・水差し・椅子・足ふきタオルをセットしておく
のも一案である。たらいの上で、手桶や水差しで汲んだ水を流して使えば問題ない。
いざとなれば100円ショップのじょうろでも、ペットボトルでも十分に役に立つ。

　浄めに使う水場から礼拝場所が離れている場合、水場にサンダルを用意しておき、

自由に使ってもらうのもよいだろう。ウドゥは排泄・放屁・射精・熟睡・失神・酩酊などによって無効となるが、普通にしゃべったり歩いたりするだけでは無効にはならない。もちろん、手足の水気を拭いて靴をはいて移動してもかまわない。ただし、礼拝をするときにはどうせ裸足になるので、手軽に清潔に移動できれば助かるのだ。

もうひとつ、排泄後にはやはり流水で局部を洗い浄める必要がある。この浄めをイスティンジャ（Istinja）と呼ぶ。洗浄便座があれば問題ないが、なくても手桶や水差しやペットボトルにきれいな水を汲んで使えばよい。ホテルの浴室に手桶を用意しておくだけでも気遣いを示すことができる。

病のため水を使うことができない場合や、砂漠などでどうしてもウドゥ用の水が確保できない場合には、タヤンムム（Tayammum）という浄めの方法もある。きれいな砂や土や石などに両手を当て、その手で顔をぬぐい、手首から先をぬぐうのである。

3. 礼拝の場所

昨今のムスリムインバウンド対応ブームで、日本でも空港・駅・大学・商業施設など、立派な専用の礼拝室を用意する施設も増えてきた。大変喜ばしいことである。

しかし、礼拝は、専用スペースがなくても、清潔な場所でありさえすればどこでも行うことができる。部屋・オフィス・教室・会議室・廊下やロビーの片隅・階段の踊り場・体育館・運動場・公園など、屋内でも屋外でも問題ない。極端な話、マッカ（メッカ）のカアバ神殿の方角に向かって、半畳たらずの床スペースがあれば、代わるがわる礼拝することができる。この方角をキブラと呼ぶ。どちらかというと、男性はモスクなど集団で礼拝できる場所が好ましく、女性は家などプライベートな場所がよいとされるが、男女ともにプライベートな場所でもオープンな場所でも、問題なく礼拝を行うことができる。

金曜の正午は特別な礼拝の時間で、男性は原則として集団礼拝に行くことを義務づけられている。これを金曜礼拝と呼ぶ。そのため日曜ではなく金曜を休日とする国もある。東南アジア諸国では金曜は平日扱いだが、金曜の昼休みだけはほかの平日より長くとることが多い。しかし女性は集団礼拝に行かなくてもよい。

家族以外の男女が集団で礼拝する場合は、男女をわける必要がある。別々の部屋で行うのもよいが、ひとつの空間で行う場合には、前後をパーティションや布などで簡易的に仕切ることもできる（写真1）。

◆写真1　オランダ、デンハーグのインドネシア人ムスリムの集会所で
低い衝立の後ろが女性用の礼拝スペース（2017年3月）

4. 礼拝の道具

　礼拝用のマットを人数分用意しておくと便利だが、専用マットがなくても普通のき
れいな敷物があれば礼拝は可能である。用意のよい人なら携帯用のマットを持ち歩い
ていることもある。礼拝マットは日本国内の通販でも 5,000 ～ 6,000 円ほどで買え
るが、東南アジアに旅行に行って、市場で安物を買うのであれば、1 枚数百円で手に
入る。

　足が不自由で床に座れない人は、椅子に座って礼拝することも許される。そういう
人のために椅子を用意しておくとよい。折り畳み式のもので十分である。

　東南アジアの女性の場合、服の上からすっぽりとムクナと呼ばれる礼拝着をつけて
礼拝を行うことが多い。東南アジア諸国の公共施設で女性用の礼拝室に行くと、たい
てい共用の白い礼拝着が何着もかけてあって、だれでも自由に使えるようになってい
る。使うたびにいちいち洗濯をするわけでもない。

　来客用に礼拝着を用意しておけば親切ではあるが、これはどうしても用意しなけれ
ばならないというわけではない。用意のよい人は、旅行用のポータブルタイプの礼

拝着を持ち歩いているし、そもそもしっかりスカーフをかぶって適切なムスリマの
ファッションをし、顔と手のひら以外の部分がすべて覆い隠されているならば、その
まま礼拝をしてもよいと判断する人もいる。

　モスクや礼拝所には、聖典クルアーンやその一部を抜き刷りにした本が置かれてい
ることが多い。しかし聖典の扱いが適切でないと、かえって問題になることもあるの
で、やみくもに用意する必要はない。聖典がなくても礼拝はできる。イスラームの礼
拝はいくつかの決まった章句を決まった所作で唱えるもので、普通のムスリムならば
心身にしみついていて、何も見なくても自然に行える。

5. お金をかけずにすぐにできる対応法と注意点

　イベントで臨時に礼拝スペースを用意するのであれば、会議室や教室を借りて、机
や椅子を寄せて床を広くとっておき、カーペットやゴザ、ピクニックシートなどを敷
いておけばよい。礼拝マットがあれば置いておく。数が足りなくても問題ない。ロビー
や廊下のような場所であれば、パーティションやパネルなどで簡易的に区切っておく
のもよい。

　キブラの方角を調べて、わかるようにしておく。ただし、素人判断で非ムスリムが
恒久的なキブラマークをつけるのはやめておこう。磁石やスマートフォンのアプリを
使ってもだいたいのことはわかるが、鉄筋などの影響で方角が狂うこともある。恒久
的な印をつける場合は、できれば専門家の判断を仰ぐほうがよいし、少なくとも当事
者であるムスリムにやってもらったほうがよい。

　筆者がイベントなどでムスリムをお招きしたときによく使う方法を紹介する。まず
所在地からのキブラの方角をアプリや PC などで調べる。建物のかたちがわかるぐら
いにアップにした地図とキブラ、礼拝の開始時間等を同じ紙に印刷する。これをムス
リムの参加者に配布するとともに、礼拝スペースの床またはテーブルに地図と建物の
向きを合わせて貼っておく。あまり神経質になる必要はないが、一応キブラの方角に
置いてあるものや壁をチェックして、偶像崇拝の対象になるような像や人形やポス
ターは取り除いておくとよいだろう。窓の外に気になるものがあれば、カーテンを閉
めて視線を遮っておく。

　宿泊施設の場合、各自の部屋が使える時間帯はともかく、チェックアウト後、たと
えば荷物を預けて外出し、戻ってきて出発前に礼拝をしたいと感じる客への配慮があ

れば助かる。つまり南中から夜にかけて、浄めと礼拝ができる場所があればよい。ロビー近くのトイレを浄めに使えるようにペーパータオルやサンダルを用意しておき、ロビーの片隅で礼拝ができるようにするのもよいだろう。パーティションで仕切って目隠しをして、礼拝マットや礼拝着を置いておけば、かなり高い対応レベルといえる。

　諸外国の礼拝室はたいていオープンなつくりになっていて、施錠されているところを見たことがない。昨今は日本でも礼拝室を用意する施設が増えてきたが、基本的に施錠がされている。インターフォンで連絡すると遠隔操作ですぐに鍵を開けてくれるところもあるが、使用手続きが複雑だったり、申し込みの場所と礼拝場所が遠かったり、担当者が限られていて対応に時間がかかったりすることがある。保安上の問題もあるだろうが、せっかく礼拝室をつくるのであれば、できる限り便利に気軽に使えるように工夫をしてもらいたい。

　旅行客でなく在住者の場合、日中に少なくとも正午と昼下がりの2回、少し遅くまで残ると日没や夜の2回、計4回の礼拝を学校や職場で行うことになる。利便性が重要なので、まずは職場やキャンパスのちょっとした場所を浄めや礼拝に使うことに対して、周囲が理解を示すことが第一歩である。オフィス・研究室・ロビー・廊下などの片隅や、階段の踊り場といった簡易的な場所でよい。金曜礼拝はともかく毎日の礼拝のためには、広くて立派な場所が遠くにひとつだけあるよりも、それぞれが学業や仕事にいそしむ現場の近くでいつでも利用できる場所がよい。金曜礼拝や断食月・断食明けの特別礼拝のように大人数が集まる場合は、たとえば部活動やイベントと同様に考えて、体育館やロビーのように広い空間を特定の時間だけ礼拝用に確保するのもありだろう。

　もちろん、常設の専用スペースがあるのは望ましいことであるし、オフィスやキャンパスに礼拝室やモスクを設置することは、ムスリムの受け入れ態勢が整っていることの象徴ともなる。しかし、どんなに立派な施設でも、わかりにくい場所や不便な場所にあったり、手続きが複雑で時間がかかるようでは不十分である。常設の専用施設をつくる場合は、見栄えだけではなく、アクセスや運用面をよく考えて工夫をしていただきたい。

付録2　断食への対応

　断食斎戒も、イスラームの五行のひとつである。イスラームの断食斎戒（サウム[1]）は、第1章で述べたとおり、日本人のイメージする断食とかなり異なり、日中は一切の飲食を断つが、日没後は食事をしてもかまわない。

　ここでは断食斎戒の具体的な様子をみながら、対応方法を紹介する。

1. 断食をするとき

　断食には、義務の断食と任意の断食がある。

　断食月（ラマダーン）には、すべての成人ムスリムが1か月の間毎日断食を行う義務がある。とはいえ、遠方への旅行者、病人、妊婦・産婦などは、断食に耐えられないときはしなくてもよい。また、月経中の女性は、断食が禁じられている。だから、たまたま断食月に断食をしていない人がいても、その人が不信心であるということではない。病気で断食を中断した人も、元気になればまた断食を行うこともある。いずれの場合も、断食すべきときに断食しなかった人は、あとで断食をして借りを返さなければならない。ただし、重い病人や虚弱体質の人など断食が困難な場合は、貧しい人に食べ物を喜捨することによって断食に代えることができる。小さな子どもには断食の義務はなく、断食をしなくてもあとで借りを返したり喜捨をしたりする必要はないが、成長段階に応じて、夜中に起きて食事をとる、昼まで断食するなど、できるところから段階を追って少しずつ断食に慣れていく。

　断食月は、ヒジュラ暦と呼ばれるイスラーム暦の第九月に当たる。ヒジュラ暦はうるう月のない純粋太陰暦なので、1年が太陽暦よりも10日から11日ほど短い。3年で約1か月、6年で約2か月ずれるので、断食月がどの季節に当たるかは年によって異なる。断食月の間は、断食や礼拝などの行いで得られる神からの報酬は通常の数倍にも及ぶ。夜の礼拝の後に特別な礼拝を追加で行うなど、信仰心が強まる。同胞とともに同じ苦難に耐えることで連帯感も高まる。つらいことばかりではなく、夜の食事がふだんよりも豪華になったり、家族や友人・知人とともに集まってともに断食を

---

[1]　マレーシアやインドネシアではプアサとも呼ぶ。

解く食事会があったりと、楽しみも多い。

　任意の断食というものもある。これは、義務ではなく推奨行為である。つまり、行えば報奨が得られるが、行わなくても罪にはならない。たとえば、断食月の断食を行った後でその翌月に6日間任意の断食をすると、1年間ずっと断食したのと同じ報奨を得ることができるとされている。また一年中、毎週月曜と木曜に任意の断食を行う人もいる。そのほか、日本で茶断ちや塩断ちをするような感覚で、願をかけて一定期間の断食をすることもあれば、修行のために断食をする人もいる。

2. 断食月の食事

　日没後の最初の食事をイフタール、断食開始前に夜中にとる食事をサフールと呼ぶ。日が沈むと、その日の断食を解いてよい。典型的には、マグリブ（日没の礼拝）のアザーンを聞いたら、まず水分をとり、甘いものをすこし食べる。そして、礼拝をしてから食事をとる。断食を解くときの甘いものとしては、預言者ムハンマドはデーツ（ナツメヤシの実）を食べたと伝えられている。

　インドネシアでは、デーツのほか、果物やイモを甘く煮てココナツミルクをかけたもの、緑豆や黒いもち米でつくった甘いぜんざいのようなものなどがよく食べられている。普通の水のほかに、シロップ水のような甘い飲みものを出すこともよくある。断食月の間、レストランでは、甘いものをつけたスペシャルセットメニューを出すところが多い。断食をしている人に夕食を出す際には、日没が近づいたらあらかじめ水や甘いものを出しておき、アザーンとともにすぐ飲んだり食べたりできるようにしておくとよい。

　夜中の食事は、家で簡単に済ませるのがふつうである。インドネシアの筆者の調査地では、日没時の食事の残り物を中心にしていたが、夜は食が進まないので、ご飯が食べやすいよう汁物があるとよいとされていた。

　旅行者の場合、断食を延期することができるので、宿泊施設で特別な配慮をする必要はそれほどないだろう。しかし、「もしお客様が断食をされる場合は、朝食の代わりに希望に応じて軽食をお渡しできます」というサービスは、あってもよいかもしれない。日持ちのする飲食物をいくつか選んでストックし、予約の際に注文をとっておいて、チェックインの際に渡すようにすれば、それほど手間もかからない。断食月のムスリムだけではなく、通年で、朝食開始前の早朝にチェックアウトする一般のお客

様全体に提供するようにすれば、ストックを無駄にすることもない。

　もちろん、食べ物の原材料をチェックして、少なくともポークフリーであることを確認し、加工度の高い食品については、高リスクな材料が使われていないものか、ハラール認証取得品を用意する。飲食物の選択肢としては、常温で置いておけるものや自然解凍できる冷凍品を中心に、たとえばシリアル・クラッカー・果物・ロングライフのパック牛乳やジュース・カップ麺やカップスープ・インスタントの雑炊やみそ汁・冷凍のハラールパンなどが考えられる。もし電子レンジが使えるのであれば、レトルトパックのご飯もよい。ふりかけや魚の缶詰、ハラールのレトルトカレーなどをおかずとして提供してもよいし、東南アジアのムスリムならヌードルをおかずにご飯を食べることもある。もし厨房が夜の調理に対応できるのあれば、鮭やおかかのおにぎりに卵焼きとお漬物といった簡単なお弁当を渡してもよいだろう。

３．断食中の生活と対応

　イスラームが多数派の地域では、断食月になると仕事が滞ることが多い。そのため断食中のムスリムは仕事をしないなどと誤解をする人もいるが、イスラームの規範としては、断食をしている間も通常どおりの仕事をしなければならないとされている。毎週月曜と木曜の断食をしている人など、生活のパターンとして断食に慣れきっていて、ふだんとかわらず仕事をこなし、昼食をとらない分、ほかの人よりも能率的ではないかと感じられることすらある。

　しかし、断食月は毎日連続して断食をするので、後半にかけて体調を崩す人も多い。食事はともかく、水分をとれないことの負担は大きく、夜中の食事のために睡眠が中断されることもあって、疲れがたまる。断食月の間には、夜の礼拝の後に特別礼拝があるし、断食明けの大祭の準備など用事も増えて忙しくもなる。遠方の知人には挨拶のカードを送り、年長の親族には贈り物を贈る。その忙しさはちょうど日本の年末年始のようなものなので、ムスリムとの取引を考える場合、断食月とその翌月にかかる仕事は、かなり早めの進行にしておくほうがよい。

　断食月が終わると断食明けの大祭（イード＝アル＝フィトル）がある。ムスリムはみな休みをとり、田舎のある人は帰省をする。断食明けの初日には、大勢で集まって特別礼拝を行う。父母をはじめ、年長者のもとへ挨拶まわりに訪れる。ムスリムの多い地域であれば、断食明け用のボーナスが出て、断食明けを挟んで約１週間は休みに

なるのがふつうである。この休暇を利用して外国旅行に出る人もいる。

　日本でムスリム従業員を雇う場合、本人の希望を聞いて、できれば数日、せめて断食明けの大祭の初日だけでも休暇をとらせてあげてほしい。また、一時帰国をするとなると長期の休暇が必要になる。日本で想像するよりもはるかに大勢の家族親族、友人知人との関係を保つ必要があるので、ちょっと顔を出して終わりというわけにはいかない。土産代もばかにならないので、あえて帰国しなくてもいいと考える人もいる。よくコミュニケーションをとって、仕事を調整するほうがよいだろう。

付録3　ハラール食材の入手方法と情報サイト

　第2章と第3章で紹介したように、「業務スーパー」や「AEON」は、一部の店舗でハラール専用のコーナーを設けているし、Amazonや楽天といったメジャーな小売店やネット通販サイトでも、ハラール食品を取り扱うようになってきている。また、食品卸商社の「株式会社二宮」は日本ムスリム協会のハラール認証を取得していて、アセアン諸国や日本でつくられた認証取得済み商品を販売している。

　ここでは、それ以外の入手先で、ハラール性の担保された食材を入手する方法を、ごく簡単に紹介する。ただし、ハラールフードビジネスの世界は日進月歩なので、適宜情報をご自分で更新していただきたい。

　新規のハラール事業等や展覧会などの情報は「ハラールメディアジャパン（HMJ）」や「一般社団法人ハラル・ジャパン協会」などの情報サイトで確認できる。また、各認証団体のサイトでも、新規に認証を取得した企業や製品の情報を確認することができる。

■ハラールメディアジャパン
　（フードダイバーシティ株式会社の情報サイト）http://www.halalmedia.jp/ja/
■一般社団法人ハラル・ジャパン協会　http://www.halal.or.jp/

　従来、ハラール肉やハラール加工食品の典型的な求め先は、在住外国人向けの小規模な輸入食材店であった。現在ではこれらの店はたいていオンライン通販を行っており、とり寄せが可能である。輸入肉だけではなく、国内で生産したフレッシュなハラー

ル肉をとり扱う店（111頁参照）もある。各地のマスジド（モスク）周辺や在住外国人の多い地域には、しばしばハラール食品ショップが店を出している。

　大手のエスニック食材店では中東・アフリカ・南アジア・東南アジアといった主要な地域の食材を取り揃えているが、外国人経営者が、自国民を主な顧客層として自国出身の店員を雇っているような店では、出身国の近隣からの食材だけを扱っている場合もある。インドネシア・パキスタン・バングラデシュなどイスラーム教徒が人口の圧倒的な多数派を占める地域の食材店で扱う食品は、認証の有無にかかわらずほとんどがハラール品である。また、タイ食材店にも、ハラール認証取得済みの加工食品が多い。インド系の店には、緑色の長方形の枠の中央に緑色の円が描かれたヴェジタリアンマークのついた食品が多く、ハラール料理にも利用できる。

　弁当や冷凍の惣菜などもオンラインショップで注文できる。「ハラールデリ」はハラール弁当の情報をまとめたサイトである。「ハラルフードサービス」は冷凍の和食惣菜や弁当を扱っている。「株式会社二宮」や「株式会社トゥーバトレーディング」では、ハラール認証を取得した自社工場で焼いたパンを販売している。

　次に日本国内でハラール品が買えるオンラインショップや実店舗の情報をあげておく。ただし、本書はこれらの店やその扱う食材のハラール性を保証するものではないので、ご了承いただきたい。なかには、Webサイトの表示がすべて外国語という店もあるが、たいていの場合少なくともある程度は英語か日本語が通じるし、google翻訳などを使うこともできる。とくにハラールショップと謳っていなくても、エスニック食材店では、ハラール肉をはじめとするさまざまなハラール食材やヴェジタリアン食材が売られていることがあるため、そのような店も紹介してある。

■株式会社グローバル（日本語。ハラール食材の扱いあり。小ロットで購入可）
　http://www.globalco.jp/products/halalfoods/
■株式会社トゥーバトレーディング（日本語。トルコ食材。ハラール弁当やパンも）
　羽田空港第二ターミナルの「ミセス・イスタンブール」でも購入可。　http://tugba.co.jp/
■サイードショップ（日本語・英語。日本人ムスリム経営。肉ほかすべてハラール食材）
　九州北部の各地で移動販売も行っている。
　福岡県福岡市中央区舞鶴2-2-1 3階　http://halal-food.jp/abouts/
■The Halal Shop味なとり（日本語。南薩食鳥のハラール認証取得肉通販）
　http://shop.ajinatori-halal.jp/

■Halal Meat Japan（日本語・英語。国産のハラール肉専門店）
　東京都新宿区四谷4-32-1 吉岡ビル3F
　H・M良知株式会社　http://mhalalc.ocnk.net/
■Maya Bazaar Indian Grocery Store（日英。インド食材）
　東京都品川区上大崎3-10-1 中島ビルディング203
　https://www.mayabazaar.net/index.php?lang=jpn
■Sonali Halal Food（英語。アフリカ・アラブ・東南アジアのハラール食材）
　東京都北区上十条1-13-5-101　http://www.onlinehalalfood.com/
■Nasco Halal Food（英語。アフリカ・スリランカ・東南アジアのハラール食材）
　東京都新宿区百人町2-9-3-104、百人町2-10-8-101
　http://www.nascohalalfood.com
■Toko Indonesia（インドネシア語。インドネシアのハラール食材）
　東京都新宿区百人町1-19-18　http://toko-indonesia.org/
■Al-Flah online sho p（英語。アラブ・アフリカ・インドネシアのハラール食材）
　東京都豊島区池袋2-41-2 大野屋ビル4階　http://www.al-flah.com
■AGMトレーディング（日本語・英語。アフリカ・南アジア・東南アジアのハラール食材）
　神奈川県横浜市港北区綱島西1-1-16 2階　http://agmtrading.rh.shopserve.jp/
■Padma Halal Food（英語。アフリカ・南アジア・東南アジアのハラール食材）
　埼玉県三郷市早稲田8-30-4　http://www.padma-tr.com/
■Osaka Spice & Halal Food（英語。インドのハラール食材）
　大阪府大阪市北区芝田2-2-8　https://osakaspice.com/shop/
■オオサカハラールフード（ネット通販なし。大阪マスジドに併設された実店舗）
　大阪府大阪市西淀川区大和田4-12-16
■神戸ハラールフード（日本語・英語。神戸マスジド近く。世界のハラール食材）
　神戸市中央区中山手通2-17-3 西島ビル1階　http://halal.shop-pro.jp/
■TIRAKITA（日本語。南アジア・東南アジアの食材。ハラール品もある）
　https://www.tirakita.com/subtop/tm_food.shtml
■タイ・マーケット（日本語。タイ食材専門店。ハラール品もある）
　大阪市中央区日本橋1-22-14　http://www.thai-market.co.jp/
■アジアスーパーストア（日本語。タイをはじめ各国の食材。ハラール品もある）
　東京都新宿区大久保 1-8-2 シャルール新宿2階　https://asia-superstore.com/
■ハラルフードサービス（日本語・英語。ハラール和食惣菜。ビジネス向けだが個人も購入可）
　https://japanese-food.halalfs.co.jp/guide/index.html#
■Halal Deli（日本語・英語。Google翻訳ボタン付き。ハラール弁当情報のまとめサイト）
　http://www.halal-deli.com/

索引

著者紹介

阿良田麻里子（博士（文学））

　1986 年　国際基督教大学教養学部卒業
　1996 年　東京外国語大学大学院地域文化研究科博士前期課程修了
　2005 年　総合研究大学院大学文化科学研究科博士後期課程修了
　現　在　立命館大学経済学部客員教授

NDC 596　　143 p　　21 cm

食のハラール入門　今日からできるムスリム対応

2018 年 2 月 28 日　第 1 刷発行

著　　者　阿良田麻里子
発 行 者　鈴木　哲
発 行 所　株式会社　講談社
　　　　　〒 112-8001　東京都文京区音羽 2-12-21
　　　　　　　販　売　(03) 5395-4415
　　　　　　　業　務　(03) 5395-3615
編　　集　株式会社　講談社サイエンティフィク
　　　　　代表　矢吹俊吉
　　　　　〒 162-0825　東京都新宿区神楽坂 2-14　ノービィビル
　　　　　　　編　集　(03) 3235-3701
本文データ制作　甲斐順子
カバー・表紙印刷　豊国印刷株式会社
本文印刷・製本　株式会社講談社

ISBN978-4-06-139849-8